石、転がっといたら
ええやん。

石、転がっといたらええやん。

岸田繁

本書は小社刊『ロッキング・オン・ジャパン』2006年6月号から2016年12月号に掲載された連載コラム「石、転がっといたらええやん。」に加筆・修正を加え再編集したものです。記載されている人名、グループ名、交通機関の所要時間、統計的な数字などは特に断りがない場合、雑誌掲載時点のものです。

はじめに

その昔、著者が小さかった頃の話。

近所の公園の砂場で遊んでいた時のこと。子供にとってはかなり大きいサイズの白い石が、砂場の真ん中にゴロンと転がっていた。私はその石のことがとても気になり、それをゴロゴロ転がしたりして遊んでいた。すると、その石の真ん中に突然小さなひびが入った。

大きな石を割ってみたい一心で、およそ1時間ほどだったか、ひび割れを何度も別の石で叩き続け、遂にその大きな石を真っ二つに割ることができた。

こじ開けた大きな石の中は空洞になっており、濡れた黒い砂利が無数に入っているのを目にした私は、そっとその石を閉じてその場を去った。あれは何だったんだろう。自分が憶えている中でも、最も謎めいた記憶のひとつである。

今なおその公園に訪れることがあるのだが、幼少時代は特に、親や友達以外の仲間と沢山遊んだ場所だった（親や友達とも遊んだけど）。

親や友達以外の仲間と言えば、もっぱら昆虫や植物、石や砂だった。ゴミ箱付近に大量発生した毛虫（チャドクガの幼虫）のような悪友と遊ぶことも厭わなかったので、翌日包帯ぐるぐる巻きで小学校へ登校したこともあった。

悶え苦しむカマキリの腹から出てきたハリガネムシや、大声で鳴きわめく4種類のセミ、どうも個人的に苦手なクモの類や、すり鉢型のアリジゴクを作るウスバカゲロウの幼虫、アリやチョウ、蛾とも沢山遊んだ。彼らとの様々な遊びはとても楽しい思い出である。

昆虫たちとのようにアグレッシブに遊んだりはしなかったが、サルスベリの樹皮や、ネコヤナギの新芽、ヒイラギの葉っぱなんかともよく遊んだ。

あとは、天気だったり匂いだったり自分自身の調子だったり、振り返ってみるといろんなモノゴトに遊んでもらったと思う。

音楽家を生業とする著者にとっては、家族や友人のような近しい人間からお客さんまで、多くの人々との触れ合いが作品づくりのヒントになることが多い。もちろん時には新聞記事だったり、ほかの音楽や芸術からインスピレーションを貰うこともあるけど。

それ以外、個人的に最も大きなインスピレーションは、有形無形問わず、先述した仲間たちとの遊びからである。

昔からの仲間たちの一挙一動と遊びの記憶は、私自身の真ん中に大きく息づいているものである。そして、記憶の真ん中に釣り糸を垂らし、ピンポイントで引き上げてみると、それが音楽のカタチをしているのだ。

話は変わって、およそ11年前……2006年より毎月休むことなく書きためた文章を纏めることが出来た。

11年という長い期間のあいだには、東日本大地震が起こり、様々な国際紛争も絶えることがない。自他ともに価値観や生活が変化し、11年の年月のあいだに生まれたものや消えていったものも存在する。誰にとっても、必死に生き抜いてきた11年だったはずだ。

果たして11年前はどんな年だっただろうと思い立ち、ウィキペディアで検索してみた。

日本では、小泉内閣から第1次安倍内閣へバトンタッチされたのが2006年。世界各地で、現在にも繋がる様々な紛争やテロが頻発していた。

トリノオリンピックが行われ、WBCが始まったのはこの年だった。今なおマイアミで現役を続けるイチローも、当時はシアトル・マリナーズの主力として脂が乗りまくっている時期だった。

日本の音楽シーンがどのような感じだったか全く思い出せないのでヒット・チャートを調べてみると、

KAT-TUNの大ブレイク、そしてレミオロメンの〝粉雪〟が売れに売れていた。とは言え、CD全体の売れた枚数を見てみると、日本の音楽産業が斜陽に差し掛かっていたことが容易に理解できる。

欧米のヒット・チャートを見てみると、ダニエル・パウターやジェイムス・ブラント（〝ユア・ビューティフル〟の人）が流行っていたようだ。しかしながら、日本においては洋楽を聴く音楽ファンが激減していた時期だった。

この『石、転がっといたらええやん。』の世界においては、あまりそういった物事とは直接関わりのない、たわいもない徒然日記と、説教じみた音楽の話、そして5年10年先の出来事や社会現象を、第六感を使って予想しているかのような驚異的な読み物が交錯する。

思えば著者自身がやっているロックバンド「くるり」の状況や作品、伝えてきたメッセージのようなものともリンクするかもしれないが、ひとつの時代を駆け抜けるように読んでいただけると幸いである。

コラムの中には様々な主人公が登場する。

それは著者自身だったり、子供の頃の著者だったり、別の誰かが憑依しているかのような伝えごとだったり、未来の自分自身だったり、昆虫や植物、あるいは本書のタイトルでもある「石」の目線だったりする。

目次

はじめに　3

第1章　街と世界

1　無題　14
2　われらがムシキング　17
3　パリ・トルコ・オオサカ！　21
4　メインストリートのならず者　26
5　街は蜃気楼　30
6　雨は夜更け過ぎに、雪へと変わるだろう　34
7　灰色の街　38
8　黄金の夜　42
9　デジャヴ　46
10　美しき世界　50
11　窓　54
12　さらに東へ　60
13　限りなく透明に近くなるということのブルー　64
14　CODA　68
15　運河の街　72
16　電車男　76
17　上りのぞみ　80
18　ぶっ殺す　84
19　スイングしなけりゃ意味がない　87
20　東京――山の手の内側、森林へ　91
21　東京――山の手の内側、森林へ　Ⅱ　94
22　東京――山の手の内側、森林へ　Ⅲ　98

23 東京——山の手の内側、森林へ Ⅳ
メートル・ゼロ 102
24 東京——山の手の内側、森林へ Ⅴ
その後、東京にて 106
25 どうでもええ話その1／銭湯に行く 108
26 どうでもええ話その2／エレベーターに乗る 111
27 作曲家の日記 114
28 ゲリラになりたい 117
29 無人島レコード 120
30 タマゴ 123
31 最近のキシダ 128
32 はっぴい 132
33 おっさんvs大人 135
34 ある青年の魂のゆくえ 138
35 御手洗いはどこですか 141
36 リアリズモ 144

第2章 気持ちと未来

37 鉄ヲタの嘆き 150
38 最近思っていることとやってることについて。 154
39 最近思っていることとやってることについて。
（新年版） 157
40 シュラスコ、そして若くガッツ溢れるギター 159
41 ジョルト・コーラが飲みたい 162
42 賀茂川 166
43 旧型客車の旅 169
44 シンガーを殺さないで 174
45 革命的扇風機 177
46 世界一の街 180
47 新しいアルバムのインタビュー補足 183
48 パンツピルプチ整形ペチパンポキール 187
49 曲づくりという名のひとり悩み相談室
（別に今悩んでません） 190
50 湯治〜その1 195

51 湯治～その2 199
52 湯治～その3 202
53 湯治～その4 206
54 こんにちはストレンジャー 210
55 拝啓、音楽ファンの皆様。 212
56 東中野のソムリエ 215
57 「なおさらストレンジャー」 218
58 Tribute to summer of Kyoto 224
59 「石、転がってなんぼやねんけど。」 228
60 パソコンと油揚げと日帰り出張 231
61 小学生の頃の作文のはなし。 235
62 韓国での話 238
63 雑記 241

第3章 音楽とことば

77 ミュージック 296
78 転調のはなし 299
79 BPM 302
64 最強のイントロ 243
65 食のセレブリティー 247
66 きしだ近況 252
67 プロに学ぶ 258
68 無題 262
69 脱原発のすすめ 265
70 いじめたくなるのは 270
71 ロック音楽の伝承 274
72 解散の真相 276
73 ラーメン 279
74 ギターについて 282
75 2013年初頭のムード 285
76 ポルトガル紀行 288
80 岸田繁のギター講座① 305
81 岸田繁のギター講座② 309
82 less is more 313

83 日本語とロック 318
84 コード進行とピッチングの話 322
85 海苔 326
86 鍼とクリック 329
87 揺らぎ 333
88 つなぎのテクニック 337
89 クラシック音楽の持つ先入観 339
90 もしもボカロPになったなら 342
91 トイレボリューション 346
92 レゾナンス 350
93 全員敵にしてでも俺は激おこぷんぷん丸なのよ 352
94 ロックバンド 355
95 居酒屋 357
96 ゴミのような夜 360
97 空に舞う花束 362
98 音楽と共にあるということ 364
99 雑感 366
100 雑感 368
101 やっぱ好っきゃねん 370
102 雑感 373
103 京都にて 376
104 楽屋では酒を飲め 378
105 3コードより2コード 380
106 「無題」 383
107 北陸のツアー周り方指南 385
108 失恋 388
109 追憶 391
110 2016年初頭の雑感 394
111 質問にお答えします 396
112 質問にお答えします・パート2 400
113 自作自演次作インタビュー 404
114 質問にお答えします・パート3 408
115 旅に出るメロディーと言葉たち 412
116 電グル 414
117 メンバー募集 416
118 音楽業界のはなし 419
あとがき「酩酊対談」 423

第1章　街と世界

1 無題

昆虫と蜘蛛は似て非なるものだ。俺は蜘蛛がめっぽう苦手だ。腹はでかいわ二頭身で足がやたらと細長いわで、餓鬼みたく気色悪い。秋になると軒下や、庭先に巨大な網を張るジョロウグモなんかは脅威とも言える。

蜘蛛の糸をお釈迦様が切ってしまう、という有名な話がある。これは大きな間違いらしい。蜘蛛の糸はあの細さにして、鉄鋼並みの強度を誇る史上最強の化学繊維らしい。納豆の糸のようには切るに切れないという。どこかの島では、蜘蛛の糸を束ねて漁網を作るという話は有名だ。そして、人類の英知をどれだけ駆使しても、蜘蛛の糸を人工的に作り出すことは不可能らしい。

実のところ蜘蛛は天才らしい。宇宙船の中、つまり無重力状態でも彼らは、あの芸術的な捕虫網を紡ぎあげることができるらしい。

人間は常にコンプレックスとの戦いを経験する。背が低い。稼ぎが少ない。ボンボンだ。運動音痴だ。生い立ちが不幸すぎる。食べ物の好き嫌いが多い。異性とうまく話すことができない……。

蜘蛛は不格好なのに、高性能だ。不細工で寸胴な身体を支えるために、強靭な捕虫網にぶら下がる。あごが弱いので、毒で獲物を麻痺させたあと、糸でぐるぐる巻きにする。その頃には毒で獲物は溶け始めているので、昆虫の硬い身体でも苦労せずに食事ができる。男女関係はさらにストイックだ。メスは身体が大きく、オスはメスの半分ほどしかないので、必然的にオスはメスに寄生生活せざるをえない。オスはメスが苦労して捕らえた獲物の残り物を分け与えてもらう。奉仕愛の代償はでかい。出産時の栄養源として、交尾後オスはメスに食べられてしまう。

完璧になればなるほど、失われるものごとが多くなってしまう。なけなしの金で生活して食う生卵入りのカップラーメンと、余った金で食うフォアグラ、どっちがうまい？ 五体満足の健康志向と、五体不満足の健康への考え方は、全く違うものだろう。記憶と欲望、つながっているようで、全く交わることのない二本の線。

そういえば、蜘蛛はなぜ自分の糸に引っかからないかって？ 答えは簡単だ。縦糸は小細工なしのまっすぐな糸、横糸はわざと外れやすく作ってある上に、ローションも真っ青のヌメヌメねちゃねちゃの粘液にまみれている。蜘蛛は縦糸の上しか歩かない。一人暮らしの自宅で罠にかかっているようじゃ、親も泣くよ。

何が武器となりうるか、何が防具となりうるかは紙一重だ。蜘蛛の攻撃的な捕食は、不満足だからこその防衛なんだろう。素早いデブ、眼光の鋭いガリ勉、冷蔵庫の残り物の料理の天才……。みんな何をすべきか知っている。朝露が光る蜘蛛の巣は生態系の縮図だ。生きてゆくことへの執念と、美しさを指し示している。楽して食うなんて、夢のまた夢だ。

芸術を娯楽だと言う人たちがいる。否定はしない。娯楽でしかない。自分自身、こんな職業で金を稼ぐことを申し訳なく思う瞬間がないわけでもない。

ただ、少なくともミュージシャンが楽曲を生み出す瞬間は、蜘蛛が糸を紡ぐ瞬間に似ている。カン[※1]

ダタには切ることができない生命の神秘。宗教もヒルズ族も立ち入る余地のない世界。産みの喜びと、消えてゆくものへのねぎらい……。かの偉大な作曲家、ルートヴィヒ・ヴァン・ベートーヴェン[※2]は日に日に聴こえなくなってゆく自身の耳を案じながら、晩年の作品を書き上げたという。有名な『交響曲第九番』を書き上げた頃には、完全に聴こえなくなっていたという。『歓喜の歌』は聴覚を失ったベートーヴェンの「記憶」と「欲望」のあいだで生まれた福音だったに違いない。

Thank You For Musicって、Thank You For My Lifeやからねー。そうでもないとやってられまへんわー。ギターの練習して寝ます。おやすみやす。

（2006年6月号）

※1　カンダタ：芥川龍之介が1918年に発表した、『蜘蛛の糸』に出てくる泥棒の男の名。地獄に落ちたカンダタが蜘蛛を助けたことがあったことから、釈迦が手を差し伸べる。

※2　ルートヴィヒ・ヴァン・ベートーヴェン：ドイツの作曲家。『交響曲第九番』はベートーヴェンの9番目にして最後の交響曲。『歓喜の歌』は第4楽章で歌われ、演奏される第一主題のこと。

2　われらがムシキング

イギリスはリヴァプールという港町まで行ってきた。リヴァプール知ってる？　マージービート[※1]やで。ビートルズですよ。ビートルズ、知ってる？

貿易の盛んな街だったが近年人口減少が著しく、街の雰囲気はどよんと暗い。この街で彼らは生まれ、音楽で世界を変えたのだ。もちろん他にもThe La'sやEcho & The Bunnymenなど、リヴァプールが生んだ素晴らしいミュージシャンがいるのだが、ビートルズですよビートルズ。しつこいようやけど、ビートルズほんまに知ってる？　ちゃんと聴いたことある？

わたしはリヴァプールに住むひとりのミュージシャンと一緒に、マジカル・ミステリー・ツアー[※2]と題されたバス・ツアーに参加した。当時を想起させる古い年式のバスはもうもうと黒煙を吐き出しながら、ビートルズゆかりの地を訪ねる。ガイドの男はメンバーそれぞれの誕生から出会い、そしてどのようにして世界へと踏み出していったのかをアクの強いリヴァプール訛りで、わかりやすく解説してくれた。車内に設置されたテープ・デッキにはBGM用にビートルズの曲が用意されている。カセットテープでビートルズを聴いたのは10年ぶりぐらいだった。〝マジカル・ミステリー・ツアー〟イントロのブラス・アレンジが、テープのせいか縒れている。曇り空の町は空が低く、今にも雨が降りそうだ。

バスはリンゴやジョージの生家を経て、ペニー・レーン[※3]と呼ばれる通りに到着する。ツアー客はこぞってペニー・レーンと書かれた標識をカメラに収めている。わたしはカメラを持ってきていなかったことを少しばかり後悔する。再びバスに乗り込み、ペニー・レーンをゆっくりと走り出す。スピーカーから流れ出す〝PENNY LANE〟……。

ポール・マッカートニーのこころの景色が見えた。

バスはペニー・レーンのなだらかな上り坂を駆け上がりリヴァプールの街並みを見下ろす。緑深い木々の並ぶ坂を上がりきれば今度は家々の煙突が均等に並んでいるのが見える。間もなく歌詞にある床屋さんを通り過ぎる。

町の中心部にはプロテスタントそしてカソリックの教会が二つ大きくそびえる。大きな対立の構図。そういえば、〝PENNY LANE〟は〝STRAWBERRY FIELDS FOREVER〟のB面だったことを思い出す。バスはジョンとポールが初めて出会ったという教会を通り過ぎる。

ガイドの男はオノ・ヨーコの話を始めた。多くのビートルズファンが彼女のことをよく思っていないことは知っている。調子っぱずれな〝バンガロー・ビル[※4]〟のコーラスが頭の中でこだまする。スピーカーから〝ジョンとヨーコのバラード[※5]〟が流れ出す。リヴァプールの町は雨に濡れている。

バスはゆっくりとストロベリー・フィールドへと向かう。ストロベリー・フィールドとは救世軍による孤児院で、今はもう閉鎖されてしまった場所だ。この場所をモティーフに書かれた〝STRAWBERRY FIELDS FOREVER〟はジョンのペンによるものだ。この曲があれば、〝イマジン〟[※6]も〝ハッピー・クリスマス〟[※7]もなにも要らない。わたしの中ではこの曲こそがジョンの全てだ。Let me take you down,'Cause I'm going to……。

ストロベリー・フィールドの門にはたくさんの落書きがあった。不思議と見苦しいものは見当たらなかった。何とも物悲しく、深いこころの海を漂うくじらのようなメロディー。ジョンの声は消え入りそうなほどか細く、不穏なストリングスの中を泳ぐようにかいくぐり、息継ぎをする。「ストロベリー・フィールズよ、永遠に」。

小雨はまるで霧のように降り続け、白い空は豆腐のような低い雲でおおわれる。夏の終わりだというのに長袖にジャケットを羽織らないと風邪をひいてしまいそうなほど寒い。

スピーカーからジョージの名曲〝While My Guitar Gently Weeps〟[※8]が流れ出した。

バスはゆっくりと市街地へと戻り、スピーカーからたくさんの名曲達が次々と流れ出す。わたしと友人はジョンやポールに合わせて小さい声で唄う。横の座席のおばあさんも、小さい声で唄っている。〝Hey Jude〟[※9]のエンディングは何故あんなにも長いんだろう。いつまでも続く小声の合唱に苦笑いしながらも、ずっと終わってほしくないなと思った。

（2006年10月号）

※1　マージービート：1960年代初頭に、ビートルズを筆頭に次々とヒットを放ったリヴァプールなどイギリス北部出身のロックグループの総称。
※2　〝マジカル・ミステリー・ツアー〟：ビートルズによるテレビ映画用サウンドトラック収録曲。
※3　ペニー・レーン：イギリスのリヴァプール市街地にある、ペニー・レイン通り。
※4　バンガロー・ビル：〝ザ・コンティニューイング・ストーリー・オブ・バンガロー・ビル〟。ビートルズが1968年に発表したイギリス盤公式オリジナル・アルバム『ザ・ビートルズ』、通称ホワイト・アルバムに収録されたジョン・レノン作の曲、ならびに曲中の登場人物の名前。
※5　〝ジョンとヨーコのバラッド〟：ビートルズが1969年に発表した20枚目のオリジナル・シングル曲。
※6　〝イマジン〟：ジョン・レノンが1971年に発表した楽曲。
※7　〝ハッピー・クリスマス〟：ジョン・レノン&オノ・ヨーコが1971年に発表した楽曲。
※8　〝While My Guitar Gently Weeps〟：ビートルズが1968年に発表した2枚組アルバム『ザ・ビートルズ』に収録されている楽曲。
※9　〝Hey Jude〟：ビートルズが1968年に発表した18枚目のオリジナル・シングル曲。

3 パリ・トルコ・オオサカ！

トルコ式便器なるものをご存じでしょうか。

トルコやいくつかのイスラム圏の国ではごく普通の便器で、和式便器と同じくしゃがみタイプの便器なのだが、なんと床全体が便器で、うんこを流す時は足場以外水浸しになる。高度成長期の日本で普及を夢見た某社製のトルコ式便器は鉄道駅や公園を中心に設置された。

小さい頃、知らず知らずのうちに便器のデザインや排水溝の開口部の穴に対し、ある種の「憧れにも似たかっこよさ」を感じ始めた。ＴＯＴＯ製のごく標準的な洗い落とし式洋式便器だった自宅の便器は、子供にも安心感を抱かせる優しい溜水面（水たまりが狭く、排水溝も浅い）で、ガチャピンの顔のようなファニーさがあった。便器としてのセクシーさは皆無で、まるで家族のような安心感だった。しかし、幼稚園の友人Ｍ君の家の便器は伊奈製陶（現LIXIL）のワンピース便器（タンクと便器が一体化したスマートなもの）で、大変セクシーで大げさな形状だった。溜水面が広くはまれば溺れそうなほど深く、渦を巻いて流れる排水溝の穴がピッコロ大魔王の目みたいに鋭くて怖いのだ。

子供の頃も今も、「怖くてかっこいいもの」ほど憧れるものはない。しょんべんガキンチョだった私は、そのＭ君の家の便器への憧れと恐怖からか、トイレ内でしょんべんをちびらせてしまったのだ。さわやかな滝のように流れる自宅の便器とは逆に、Ｍ君の家の便器はゴゴゴと言いながら渦を巻いて水を吸い込んでいくのだ。あぁかっこいい……。

洋式便器に対しては、その種類にもよるが、自分の中では神格化されていたので、かっこよく凶悪な便器で用を足すことはできなかった。かっこいいけど犯される、みたいな心持ちだった。近づいたところで試しに水を流してみることで精一杯だった。しかもそのレバーを押す瞬間は爆弾のスイッチを押すくらいのビビりようだった。逆に和式便器は子供の目にも構造が簡単で、なんかJ-POPみたいな軽々しい感じがして全くノーマークだった。水を流した時の音もドシャーって感じで深みがなくて下品で好みではなかった。

よって駅や公共の施設でうんこをする時は、決まって和式で軽々しく済ませていた。排泄行為にのみ集中し、水に流しておしまい、みたいな。

事件は大阪駅地下街にある公衆便所でおこった。

腹がユルくしょっちゅう下痢をするお子様だった私は、この日ももよおしてしまった。例のごとく和式と表示されたドアを開けズボンをおろした瞬間に悪寒が走る。床全体が真っ黒で、いきなり無重力空間に放り込まれたような感覚に襲われる。照明も薄明かりなので、足下があまりよく見えない。しかしマキシマムに上昇した便意が一刻を争う状況だった。なんとなく足場と水たまりが確認できたので脱糞し、一息つく。お尻を拭いて、さて水を流そうとレバーを押したその瞬間……。

トルコ式便器の呪いが幼稚園児を襲ったのだ。

足場以外の床が全て水浸しになり、まるで川の飛び石に乗っかっているような状態になる。水の流れている数秒間、俺は生きてここから脱出できるのかとずっと考えていた。水が流れ終わり、平静を取り戻すのに何分かかっただろう。ナメきっていたクラスの大人しい奴が逆切れして大暴れしてえらいことになったような感覚だった。数分間腰を抜かしそうになりながら棒につかまり立ちし、全身汗びっしょりだった。我にかえり、やっと便器の構造を理解すべく足下を恐る恐る確認してみると、どうやらこれは初めて見るタイプの便器のようだった。ついさっきまで感じていた恐怖心は興味へと変化し、もう一度流してみたい衝動に駆られる。が、足下にあるこの便器は「悪魔の口」だ。二度目とは言っても再び恐怖に打ちひしがれることになるだろう。

とりあえず鍵を開け、個室から出る。そして外からその滑稽な床全面便器を眺める。「これは和式ではない。かっこよくて凶悪な便器だ」。

親に概要を話す。すごい便器があった。足下が水浸しになるねんでー、と。「お前はいつもトイレの話ばっかりする、きたないやっちゃなー」と言われた。

その床全面便器の衝撃以来、その姿を見ることなく二十余年の月日が経った。その存在すら忘却の彼方にあったのだが、パリ市内でとあるカフェのトイレのドアを開けたその時、奴があんぐり口を開けて待ち構えていたのだった。かるく酒に酔っていた私はその恐怖をぼんやりと思い出しながらブリブリと脱糞し、何回も流してやった。

日本の高度成長期を支えた某社製トルコ式便器もほとんどがその役目を終え、今では見ることができない。清掃が容易であることから導入されたらしいが、さすがに普及しなかったようだ。

（2006年11月号）

U-HAUL
U-HAUL
Dr Pepper
Cheap Truck.
Cheap Truck
Cheap Truck
Cheap Truck
Cheap Truck
Cheap Truck

4　メインストリートのならず者

今まで聴いてきたものって、音楽じゃなかったのか……。

そう思わされるほど、素晴らしかった。ニコラウス・アーノンクール[※1]指揮による、ウィーンフィルのモーツァルトの交響曲40番、41番。

ウィーンと言えば何を思い浮かべる？　ウィンナー・ソーセージ、ウィンナー・コーヒー、ウィーン少年合唱団、ザッハトルテ……。知ってるようで知らない世界だが、こと音楽に関して言えば、ヴ[※2]ォルフガング・アマデウス・モーツァルトの生み出した音楽が、土地を代表する音楽となり世界中に発信され、それを演奏するウィーンの由緒正しき交響楽団が自他ともに認める世界一のオーケストラになっていることを肌身で実感した。

ロック雑誌を読んでいるあなたたちの何人かは、ほんとうに音楽が好きな人たちだろうと思っている。そんなあなたたちにだけ、言っておきたいことがある。

音楽は土地と歴史が生むものだ。天才音楽家の素養がある人は、そこらへんにいくらでもいる。鼻歌を歌っているニートが絶対音感を持っていて驚いた（本人は気づいていない）こともあるし、サラリーマンがイントロの一音を聴いただけで「あーこれ◯◯の◯◯やー」と言ってたこともある。ミュージシャンとして生計を立てているこの俺も、普段から彼らに嫉妬しっぱなしの毎日だ。幸か不幸か、天才音楽家の素養を持った彼ら彼女らは、音楽家の道を歩まなかった。土地と歴史がそれを許さなかったのだ。

たった250年前、ザルツブルクという小さな町でヴォルフガング・アマデウス・モーツァルトは宮廷音楽家だった父のもとに生まれ、さまざまなバロック音楽に親しんだ彼は当然のごとく音楽家としての道を歩むことになった。彼はわずか6歳の頃から宮廷で演奏し、天才少年として作曲を始めた。後年彼は自由を求めウィーンに移り、プラハなどにも旅をしながら、35歳で亡くなるまでに世にいくつもの名曲を残していった。宮廷が音楽を支配する時代にミュージシャンとしての自由奔放な創作意欲を当然のごとくかき立てられ、正当な評価をされることなく（もちろんそれなりの評価を得ることはできただろうが）短い生涯を終えた。遺体は共同墓地に埋葬されたという。

音楽はリズム・メロディー・ハーモニーで成り立っていると人は言う。そこに異論は全くない。むしろその一つ、二つがかけている音楽は音楽ではなく、機能としての「音」以上のものではないと考えている。あるいは、その3つが完璧であってもバラバラでは機能しないことは、ロック・リスナーのあなたたちなら何となくわかってるはずだ。

先述の演奏を聴いていると、その3つがバランスよく三位一体となっていることがわかった。もちろん素晴らしい指揮者と、素晴らしいオーケストラが存在することが前提だろうが、それにしても楽曲が素晴らしすぎる。ＣＤというメディアでは残念ながら伝わるものではない。マイクもＰＡシステムも通さずに、ミスも許されない世界の音楽だからこそ、伝わるものがある。メロディーだけを追うなかれ。ハーモニーとリズムの合間に、いくつにも重なったメロディーがあり、それが見つかるとダイナミクスがリズムを生んでいることがよくわかる。何故天才かとかどこが素晴らしいのかとか言う前に、音楽が彼を選んでいるのではないかとまでに思う。

むろん、いわゆる音楽性の高い彼の楽曲を、彼が生きた時代に一音一音の意味と必然性をしっかり汲み取って演奏したオーケストラがいたのかどうかは知る由もない。耳の肥えた宮廷の貴族には素晴らしいものでも、町の中の市民階級の人間にはわかりかねるものだったかも知れない。そういう自分も、モーツァルト＝軽いみたいな先入観があったので、ここまで真面目に聴いたことは今までなかった。けれども、現代のウィーンにおいては、彼の残した大きな遺産を、現在進行形どころか音楽の神秘としてカタチにし続けている。方程式を解き続けるがごとく……。

天才と呼ばれた音楽家が、彼自身亡き後も土地と時代の素晴らしいムードを味方につけ、音楽ができる最高の可能性を指し示してくれたのだと思う。あまり軽々しく言いたくない台詞だが、ほんとうに音楽は素晴らしい。

カメラ屋を名乗る量販店、パチンコ屋、携帯屋が邪魔だ。ストリートに音漏れしている。土地をけがさないでほしい。
音楽は能動的に聴くものであって、垂れ流していいものではない。気持ちのスイッチをぱちんと切り替えてくれるような、良い音楽を自分で選んで聴きたい。音楽を楽しむためには、心意気が必要だ。それ以外は何も要らない。

（２００６年12月号）

※１　ニコラウス・アーノンクール：オーストリアの指揮者、チェロ、ヴィオラ・ダ・ガンバ奏者。

※２　ヴォルフガング・アマデウス・モーツァルト：オーストリアの音楽家。ハイドン、ベートーヴェンと共にウィーン古典派三大巨匠として名を連ねる。

5　街は蜃気楼

ぽつぽつぽつ……。

冷たい冬の雨は容赦なくすべてを灰色に染めてゆく。街角では傘をもとめて小走りでコンビニへ走る人々の顔がそのムードを助長し、町外れの鎮守の森は息をひそめながら枯れ葉を鳴らす。

ある日の出来事。蜃気楼が東京湾に現れたと大騒ぎの高校生二人組は、授業をさぼって幕張の海岸へと向かった。彼ら二人は薄汚い砂浜を裸足で駆けまわり、普段見慣れた東京湾が、まるで大海原であるかのようにはしゃぎ回った。蜃気楼はすでになく、小降りになった雨に肩を濡らしながら、蜃気楼のことなどすっかり忘れてしまっていた。彼らのはち切れそうな笑顔はしらけた西の空に照らされていた。

昼時をまえに、さすがの彼らも身体が冷えてきたのだろう。打ち上げられた藻や枝で火を起こそうとするが、湿っているのでなかなか火がつかない。彼らは程なくあきらめ、小銭をちゃらちゃら鳴らしながらコンビニへと向かった。カウンターでは腫れぼったい顔のアルバイト女性が横柄な態度でレジ打ちをしている。高校生二人は潮風でベタベタになった髪をぼりぼりと掻きむしりながら、おまけ付きガムのおまけを慣れた手つきでポケットに入れた。

結局何も買わずにコンビニを出た二人は暇を持て余し、寒い寒いと身体をすぼめるが、会話もときれとぎれに駅前のショッピング・モールへと向かう。無機質に開発された駅前ではおそらく同じ学校の生徒であろうヤンキーたちが薄着で煙草をふかし、万引きしてきたであろうバイク雑誌をペラペラとめくっている。

何もすることのない駅前で、結局二人はそれぞれ用事があるからと別れた。

同じ頃、風が冷たく吹き始めた海岸で、若い男女が何度もキスを繰り返していた。女の化粧は涙で崩れて見られたものではなく、男は無精髭のせいで顔色が悪く見えた。二人は肩を寄せ合い、かすれるほどの小さな声でちっぽけな愛を語り合い、ふたたび現れた蜃気楼にも全く気づくことなく何度もキスをしている。防波堤に腰をおろした二人の世界を邪魔するかのように、捨てられた雑誌が強風にあおられ飛んでくる。男は大きく舌打ちし声を荒らげる。女はそれを嗜めるかのように頬や額に口づけを繰り返す。

蜃気楼はよりくっきりと浮かび上がり、海岸の風は冷たくなっていくいっぽうだ。男女二人は溢れかえる情愛をセーブできなくなったのか、海岸沿いに駐車した車へ乗り込もうとする。繋いだ手がぶらぶらとシマウマのしっぽみたいに情けなく縺れあう。駐禁を切られていた男は再び女に責められ、情けない無精髭をぼりぼり掻きむしりながら背中を丸めていた。

そんな二人をよそに、センスの悪いスーツを着たガラの悪そうな大男と、やせ細った作業着の中年男が何やら話し込んでいる。話の内容は全く理解できなかったが、買ってきた缶コーヒーが冷めて冷たくなるほどに話し込んでいた。遠くにいても聞こえるほどの大きな声は実は作業着の男で、ガラの悪い大男はその図体に似合わぬ軽い声で頷いているだけだった。

蜃気楼は色や形を少しずつ変えながらも東京湾に居座り続ける。大型のタンカーが二隻停泊しているのが見える。忙しそうな二人は「海がよぅ」などと口走るわりには蜃気楼に気づいていない様子だった。二人は冷えきった缶コーヒーを軽く飲み干し、砂浜にポイッと缶を投げ捨てたそのあと、肩を叩き合いながら、笑顔で軽トラックに乗っかり去っていった。

時刻は午後3時47分。幾分か暗くなってきた空は蜃気楼を消してゆく。

杖をついたひとりの老人が、投げ捨てられたコーヒーの空き缶をゆっくり拾い上げながら砂浜を歩いている。老人はゆっくりとゆっくりと歩きながらひとりでぶつぶつ呟いている。砂浜に打ち上げられたエイの死骸にカモメが集まってきた。騒々しい騒々しいと老人は言いながらゆっくりとゆっくりと誰もいない砂浜を横切っていく。

蜃気楼は最期の影を失い、姿を消した。

老人は30分かけて砂浜を横切り、昼すぎに若いカップルがいちゃついていた防波堤の階段をゆっくり上っていった。打ち上げられたエイの死骸は跡形もなくなり、満ちてきた潮に呑まれはじめる。

夜が来る。

冬の亡霊は日没とともにその姿を現し、誰もいない砂浜で踊りはじめる。波の音が車音をかき消し、ここが東京湾であることを忘れさせてくれる。すっかり暗くなった海を眺めると、さっきの蜃気楼が浮かび上がるかのような錯覚に陥るが、停泊するタンカーの灯りと海ほたる以外は暗闇だ。オーストラリアはどこだろうとか、南極はどこだろうとか2分ほど考えるが冷たい浜風に全部吹き飛ばされる。雲の流れは速く、やっと晴れてきた夜空にはいくつかの星が輝いていた。きょうは願いが叶う新月だ。

（2007年1月号）

6　雨は夜更け過ぎに、雪へと変わるだろう

ベートーヴェンにしろドヴォルザーク[※1]にしろ、交響曲第九番は素晴らしい大作だ。

彼らの出身地はそれぞれドイツとチェコだが、それらの国とほど近い、とある国の首都に滞在している。その街は観光都市としても有名で、美しい街並みはとても雰囲気がある。この季節になると街はクリスマス飾りでいっぱいになり、どこからともなくピアノやパイプオルガンの音色が聞こえてくる。ちらちらと粉雪が舞う街路では、マフラーをぐるぐる巻きにした少女たちが足早に地下鉄の階段を駆け下りる。

夕方5時には真っ暗になり、足もとからじんじんと冷えてくる。歩行者天国になっている街いちばんの繁華街の露店でホットワインを一杯ひっかける。この秋収穫したての新しい葡萄で作ったホットワインはいくらか酸味が強くて、若くてえぐい味がするが嫌いじゃない味だ。初恋の冬、ちぐはぐなファースト・キスやなんやを思い出しながら歩く異国のクリスマス。ひとりでふらふらと歩くこの感じ、これも一興か。

ホットワインを飲み干し、冷えた身体も少しあたたまったのも束の間、ほろ酔いで歩いているうちに原因不明の腹痛におそわれた。

慣れない異国ではトイレ探しに苦心する。レイプなど犯罪のにおいのする公衆便所は避けたいところだし、駅のトイレはお世辞にも清潔とは言えないのでできれば使いたくない。美術館や観光案内所はすでに閉館している時刻だ。ぐちぐち迷っている暇はない。便意は分刻みから秒刻みへと、さざ波が荒波へと姿を変えながら襲いかかってくる。

腹は減っていないのだが、仕方ない。目の前にある大きなレストランに入ることにした。

慣れない異国の言葉でこんばんは、と軽く挨拶し平静を装いながらトイレは何処ですか、と英語で訪ねるが通じない。笑顔のウエイトレスは「コニチワー」とカタコトの日本語で愛想を振りまきながら席へ案内する。便意はほぼマックスに到達しつつあったが言われるがままに席につき、ワインだけ注文し食事は後でと伝えた。

やっとのおもいで探し当てたトイレのドアを開け、ズボンを慌てておろしながら便器のふたを開けたその時、悪寒が走った。

便器の形状が見たこともないものだったのだ。腰掛けた便器のちょうど前方向に排水溝があり、ケツ穴の直下はまるで皿のような浅い水たまりなのだ。逆やんこれ。

便意はマキシマムだったが、瞬間的にいろいろ考えた。ふつうに腰掛けて便意を紐解いた瞬間、このとてつもなく浅い水たまりに自分の忌まわしい便が収まりきるのだろうか、ということと、もし収まりきったとしてもこの浅さで、ほとんど水没しない便が超忌まわしい臭気を放つのではないか、ということ。

慣れない海外ならではの天才的発想で、ズボン、パンツすべてを脱ぎ、幼稚園児のように便器に逆向きにまたがった。おまるに座る格好で情けない30歳はやっとのおもいで脱糞することができた。忌まわしい便は直下の排水溝にすべて流し込み、臭気も発散させずにすべてを終えることができた。さっきまでの緊張と緊迫が嘘のようにすっきりした顔でトイレを出ようとしたのだが、再びその便器に対する疑問と疑念が脳味噌に渦巻いた。

どう考えても逆だ。便器の向きが逆だ。

とりあえず席に戻り、注文していた白ワインを流し込む。微妙に発泡しているのにコクと言うか、うまみがある。ワインのことはよくわからないが、とても美味しい。調子に乗ってがばがば飲んでいたら、腹も減ってきた。シュニッツェルという薄く叩いた肉のカツレツを注文し、ワインもボトルをほとんど飲み干していた。窓越しに見える街の灯りは降り出した雨のせいで幾重にも重なって見える。

この街いち由緒のある大きいホールで観たコンサートのことを思い出す。ピアニッシモから徐々にいろんな楽器が幾重にも重なり、コラール[※2]部分でのフォルティッシモ、そして急停止。残響。

この街への密かな憧れから、この街を歩き回り、謳歌し、たれそうなうんこを我慢したり、便器の不可解さに疑問を抱きながらも、うまい酒を飲み、美しさに酔いながらも明日には街を去らねばならない心残り。

この街のスタジオでバンドの練習をした時のこと、隣の練習部屋から何やら聴いたことのないような音楽というか、音楽には到底聞こえない音塊が聞こえてくる。メロディーはおろか、リズムもハーモニーもあったもんじゃない。どんな気持ちでこの音を聴けばいいのか、全く理解不能だった。でも不思議なことに不快なものではなかった。しばらくしてその部屋から出てきた少年の携帯電話の着信音に驚く。彼らの奏でていた理解不能の音塊と似た奇妙な音楽が流れ出した。驚いたのでその少年に出身を尋ねた。未だ知ることのない国だった。だから旅は面白い。

（2007年2月号）

※1　ドヴォルザーク：アントニン・レオポルト・ドヴォルザーク。後期ロマン派・チェコ国民楽派を代表する作曲家。
※2　コラール：ルター派教会で礼拝に来た人々によって歌われる賛美歌。

7　灰色の街

炭酸入りのミネラル・ウォーターを売店で購入し、切符売り場に並ぶ。朝もやの街はまだ寝ぼけたままなのであろう。駅のコンコースに人はまばらだ。

発車時間まで30分ほどあるので、駅構内のカフェで時間をつぶす。コーヒーの美味しさに定評のあるこの街だが、このカフェのコーヒーは酷く不味い。ただ不思議なことに気分が悪くならないのは、旅の出発へ向けて胸が高鳴っているからだろうか。

国際列車に乗り込む。古ぼけたシートに煙草の臭いが染み付いた客室の、コンパートメントを贅沢に陣取る。8両編成の最前部には大柄な機関車が連結され、白銀の世界へ煙を吐き出す。機関車に倣うように人々は煙草を吸いながらアイドリングを始める。発車時刻直前の客車に駆け込む人たちの顔立ちは、この街の人たちとは随分と違う印象を受けた。

列車は程なく動き出す。市街地をゆっくりと加速し、慌ただしくポイントを通過する。客車はがっしり、そしてゆったりしているせいか揺れは気にならず、自分の溜め息が聞こえるほど静かだ。窓ガラスは土煙や水垢で汚れたままで、外の青空が煤けてかすむ。家並みはすぐに途切れ、冬の大地が裸で横たわる。汚れた窓越しに渡り鳥たちの群れが映る。

ガイド・ブックを読みながら浅い眠りにつきはじめる頃、次の駅が国境駅だからとパスポート・チェックが入る。薄汚れたパスポートにはたくさんの旅の跡が刻まれている。スタンプが押され、列車は大きな河を渡る。ようやく見えた河の向こう側には、落書きで塗られた長いフェンスが見える。

列車は国境を越えたようだ。空気は瞬く間に色彩を変え、ガラス越しの空がどんどん曇り出す。

アルファベットは配列を変え、国境駅の駅名表記やあらゆる看板をいびつなものにする。幾分長めの停車時間のあいだ、静まりかえるコンパートメントにアナウンスが響きわたる。我々はいっさいの単語を理解することができず、少し焦る。程なく検札に現れた男の顔立ちも、少しばかり血が異なるようだ。英語で会話を試みるが、なかなか巧くいかない。どうやらパスポートを出せと言っているらしく、新しいスタンプを押してもらう。言葉があまりにも通じないので笑顔を作ろうとするが、会話や取引においての習慣の違いを掴むまでは機械的な挨拶に徹することにする。

腹が減ったので2両目に連結されている食堂車へ向かう。母国では見ることのなくなった食堂車も、こっちでは当たり前のものとして長距離列車の名物になっている。この列車の行き先は何千マイルも先、海の見える遠くの国の大きな街だそうだ。さすがに食堂車の窓ガラスはきれいに磨かれ、気持ちをくぐもらせていた天気も、そこまで悪くはないことに気づく。ウエイターの男性も英語がほとんど通じず、どうやら我々の出身地を訊いてきているようだ。よほど珍しいのであろうか。

列車は山間を抜け、広い広い平原をひたすら走る。国境駅で機関車が変わったのか、列車のスピードがぐんぐん上がってゆく。線路際には少し雪が残り、遠くに見えるオレンジ色の屋根の集落と浅い緑と灰色の空が交わることなくどこまでも続いてゆく。

夢を見なくなった。あまりにも現実がたくさんの色彩を持って目の前を通り過ぎていくからなのだろうか。通り過ぎてゆく現実を止めて、列車に飛び乗り揺られながらも夢を見ないのは何故だろう。まるで夢のような灰色の景色をオレンジ色の屋根が埋めてゆく。

空港で買ったカートンの煙草も残り少なくなってきた。すでに購入していた巻き煙草をぐるぐると巻きながら、到着時刻を気にする。

列車は人気のないプラットホームに到着する。改札へ向かう客の吐息からは気温の違いがあからさまになる。頬を刺す冷気が脳幹を直撃する。黒錆色に塗られた通路のアーチは社会主義時代の匂いを色濃く残し、行き交う人々の表情は硬い。イメージと映像がカチカチと繋がるまではまだしばらくかかりそうだ。

駅構内には獰猛な警察犬も、辛気くさいセキュリティー・チェックも見当たらない。灰色の駅には、油断している旅行者から幾らかぶんどってやろうと企む目をした男が何人かと、民主化の波に煽られて最近駅前に出来たのであろうマクドナルドがあるだけだ。我々はさっさと両替を済まし、見慣れない札束を財布に詰め込み、地下鉄駅へと急いだ。
地下鉄は走り出す。灰色の街の行き場のない気持ちを乗せて。
軋むカーブで散る火花が、黒い窓越しに光る。いそいそと走る地下鉄は間もなく目的地に着く。

（2007年3月号）

つづく

8　黄金の夜

地下鉄は深い地下道をがしゃがしゃと走る。外の景色はつゆ知らず、漆黒のトンネルをひた走る。

車内ではスリ被害が多発しているということで、手荷物に細心の注意を払う。混み合った車内の若者たちの表情は思いのほか明るい。

目的地にほど近い駅に到着する。プラットホームから改札口へ向かうエスカレーターは信じられないようなスピードで人々を地上へといざなう。

地上に出た我々を迎えたのは、まぎれもなく手の込んだスリの少年だった。怒声を上げるまでもなく彼は雑踏へ消えてゆく。街はいささか殺気立っている。貧しさと華やかさの同居。

街のメイン・ストリートには安っぽい土産物屋やマクドナルドが並び、グローバリズムを糊で貼り付けたような光景に虚しさを感じずにはいられない。

ほどなく、石畳敷の旧市街へ出る。すばしっこく動くネズミのような路面電車が自転車を押しのけて走る。その大きな街路の向こう側は大きな河だ。

大きな河には、立派な石造りの橋が架かっている。橋の両側の欄干に、いくつもの銅像やプレートが飾られている。

八個目の銅像に触れると、幸運が訪れるという。一応さわっておく。

橋を渡った。権威という名のもとに長く続いた争いによって流された、たくさんの血が染み付いているであろう古城を目指し坂を上る。

冬のこの時期、日没は残酷に訪れる。灰色の街は地下鉄と同じ漆黒へと染まってゆくのか。

街は不思議な雰囲気に包まれる。人っ子一人いないのに、ざわつきを感じる。古城を前にする。

驚くべきことに、古城は黄金に輝いている。石畳は輝き、漆黒の空を黄金の光が照らす。背を向ければ、遠く見下ろす街が黄金に輝いている。

どこの誰のものともわからないたくさんの魂が、黄金の光に導かれ集まってくる。ひとり歩く路地。石畳の上にたくさんの魂が行き交う。黄金の夜。

石畳の路地を阻むたくさんの階段。光を背にしながらゆっくりと下りる。肉の匂いに導かれ、居酒屋に入る。

社会主義の名残か、笑顔のない応対の目立つこの国にしてはサービス満点の居酒屋で、ビールと豚足を嗜む。

軽く酔っ払った我々は、再び路地をゆく。石畳の輝きに再び気づいた我々は、背後を振り返る。黄金の輝きを放つ古城が少しばかり遠のいてゆく。

再び「幸運の橋」を渡る。幸運が訪れますように。

大きな河は、まるで交響曲のようにゆるやかに流れてゆく。この国の人達は、知る由もない大海への夢をこの河に託し続けたのであろうか。

男は大きな河になれ。そして海へと向かわねば。

ホテルへと向かう。まるで古い病院のような、薄明かりの吹き抜け。そしてまるで病室のような、部屋。

夜は更けてゆく。疲れ果てた我々は、お互いの夢について多くを語らず、しばし眠りにつく。朝になれば変わるだろう。いや、変わるのは時代であって、我々は全く変わらない。何がどう転んでも、締めの言葉はいつも同じ。

ただ、句読点のあとには必ず明日の話をする。

当然のごとく、日付は変わり朝がくる。殺風景なダイニングでしょぼくれたバイキングのブレックファストを食らい、ホテルをあとにする。

黄金の光を放っていた古城はなにもなかったかのように灰色の空に佇み、権威の重圧を記憶の端に刻む。

列車は再び南へ向かう。

つづく

（2007年4月号）

9　デジャヴ

旅はつづく。

東へと進路を変え、いそぐ僕らは次の国の空港へ到着した。

その国は、我々にとっては聞き慣れた名前の小さな国だ。疲れはピークに達しつつあったが、我々はその国に怖いもの見たさにも似た興味と、ひとかけらの期待を抱いていた。

その国唯一の国際空港は、まるで地方空港のように閑散としていた。ちいさな両替所、ちいさな案内所、そしてゲートを出るやいなや……。

まるで放り込まれた餌に集まる池の鯉のように、客引きの男たちが集まってくる。

「ドゥー・ユー・ニード・ア・タクシ？」

「ニポンジン！　アイ・ノウ・グッド・ホテルズ……ソウ・レッツゴー！」

「ヤポネ！　ヤポネ！　コニーチワ!!　メイ・アイp@;>＊<P＊＋∞・∽…ø≦□………（以下省略）」

初めての国ではやさしさを信用しちゃいけない。我々は転校生にも似ている。飲み込まれるのではなく、理解せねば。

「信用できる」タクシー会社のカウンターでタクシーを呼んでもらおうと、詰め寄る。若いスタッフが煙草を片手に一言。

「前にいっぱい停まってるの、ウチのだから。勝手に拾って」

言われるがままに空港前の道路にて、その黄色いタクシーに乗り込む。

行き先を伝えるや否や、運転手が話しかけてくる。

「ヘイ！　お前らはリッチ日本人か？」

我々は答える。一種の貧乏日本人だと。すると、態度は急変した。さっきまでまったく気にも留めていなかったくせに、ここは禁煙だ、と煙草を取り上げられそうになった。

車窓の景色は、明らかに異質だった。巨大な共産主義の遺産ともいえる威圧的な建造物が不自然にそびえ立ち、町なかには砂煙と、何かが燃える臭いが充満している。

人々に笑顔はない。

タクシーは程なくバス・ターミナルに到着し、我々はもちろん所定の料金以上の額をボラレてしまう。物価は遥かに安いが、気持ちのいいものではない。

バス・ターミナルはおそらく新しく、この町にしてはモダンで綺麗なデザインだ。目的地へ向かうバスを探さねば。

バス・ターミナルは様々な人種でごった返す。日本人は観光客を含め誰ひとりいないようだ。カウンターではまったく英語が通じない。しかも彼らは「イエス」の時に首を横に振り、「ノー」の時に首を縦に振る。これは困った。でも、「独自の習慣」には必ず正当な理由がある。ここでは省略する。

なんとかバスを見つけ出し、乗り込む。およそ3時間の旅になる。

バスは町を抜け、山岳地帯へと向かう。埃っぽい町を抜けると無機質な送電鉄塔が休耕地にそびえたつ。春の訪れか、まるで山桜のような薄桃の花が咲いている。

バスの中ではハリウッド映画を上映している。なんてミスマッチな、と思うがこのシチュエーションなんか知ってる。なんだろう。

そうだ、これは修学旅行だ。

山を行くバスはまるで東北か、山陰へ向かうバスのようだ。景色……、というか山並みの雰囲気がニッポンに似ているからか。不思議な気持ちになる。

山や牧草地の合間にたびたび見ることができるおとぎ話に出てくるような集落は、ひっそりと眠っているかのごとく、人の姿が見えない。

たまに見える看板の文字は、いわゆるアルファベットではないのでとことん読解不能だ。でも、これは十数年前までの、ニッポンではないか。

たくさんの理解不能を抱えるこの国で、なぜか母国のモノゴトがフラッシュバックする。

つづく

（2007年5月号）

10　美しき世界

バスが山間の街へと到着するや否や、巨大な黒鉄色のモニュメントが谷地にそびえ立つ。まるで日本の温泉地のようだ。ひなびた風情の真ん中に、廃墟となったリゾート施設がそびえ立つかのような、そのモニュメントはぴくりとも動かず美しい景観を汚し続ける。

角質化した皮膚がほくろになるかのように、ごくごく自然に街に影を落とす。

街は排気ガスと火薬が混じったかのような不可思議なにおいに包まれ、野犬たちはぴくりとも動かず麻薬中毒者のようなまなざしでこちらを見つめる。

絶望から立ち直ることは容易くない。

絶望は膿のように炎症を広げてゆくだけではなく、伝染病となって広がってゆく。粘菌のようにしつこく暴れ回る貧困と欲望との戦い。無知という名の天使と悪魔は決して交わることのない二本の線となり、絶望のさらなる先を見せつける。

この街の若者は、何を考えているのだろう。

知りたくもない。

この絶望感溢れる考え方が、今日も世界中で悲劇を生んでいることだろう。

半世紀以上前、世界一巨大な社会主義国家を築き上げたかの国には、絶望のその先を鳴らす音楽家が数人ほどいた。

交わることのないふたつの線、いや幾重にも重なれば重なるほど、後家蜘蛛の巣のごとく不規則になってゆく線。

交わらぬ線を紐解けば、一体そこには何があるのだろうか。

天使と悪魔がいるのだろうか。

そこは天使も悪魔もいない、ただただ美しいシベリアの大地が広がっているだけだったのだ。

息をのむほどの美しさ。

初恋よりも。

涙よりも。

安らかな死に顔よりも。

イメージの奥のほう、奥のまた奥のほうまで。夜露が葉をつたい、氷点をむかえるその瞬間のすべてをなぞった交わらぬ音符が、人類の調和という使い古された言葉／イメージを超えて溶け合う瞬間を鳴らす音。

長年かかって実現するものは、時には一瞬で台無しになる。時は残酷にも絶望の夜と旅立ちの朝が、毎日繰り返しやってくる。

いつだっただろう。もといた街の練習スタジオで聴いた、不可思議な旋律が頭をよぎる。ホテルの地下にある、しょぼくれたカフェ・レストランから聞こえてくる無節操な音楽。絶望の先を読めない音楽。わたしとその音塊は交わらぬ二本の線となり、アルコールで流し込んでしまった。

つらい朝が来る。

変えたくても変わることのないわたしの視点はこれまた定まることなく、黒いモニュメントに焦点を合わせる。

悪魔よ宇宙の果てから、虫眼鏡でわたしたちを焼き殺そうとしているのか。

天使は空の向こうから、餓鬼になった我々を助けることもできず、羽根をもがれてしまうのか。

G線上で繰り広げられる耳鳴りは、やがてその倍音すらも消し去り、果てにはサイン波となってすべてを浄化する。朝露は深く澄んだ呼吸を与え、鳥たちは無邪気さを与えてくれる。眠気と眠れない夜の繰り返し。不格好な人間の性《さが》と繰り返される地球の自転。

周期は合わせにくいものではなく、合うものなんだろう。

白鍵とその隣にある黒鍵。平均率で分たれた交わらぬ線を、大きな環にする純正律のおそるべき超自然。

この街にも、わたしにも少しばかりの力を与えてくれますように。

（2007年6月号）

11　窓

恋に落ちた。

水たまりは希望を映し出し、ビルの隙間の乾いた路地さえも呼吸をはじめる。

自由はただ風になって街をたゆたい、階段を駆け上がるかのように陽は高くなる。

あなたのワンピースは風になびき、かすかな衣擦れは空のくしゃみに聞こえる。

二十歳の恋は、夏の訪れとともにやってくる。

螺旋のようによじれながら溢れ出す雫は、いつしか涙となり風に吹き飛ばされる。心のかさぶたは砂場のトンネルのように崩れ落ち、水は新しい流れをつくる。

心の中に、こんな河があったのだ。

長い夕暮れ時は忙しい街を照らし、西日はまっすぐにあなたの影を灼きつける。

通り雨。

地下鉄の出口から流れ込む強い風はひんやりとアスファルトの濡れたにおいを運び、人々は足早に木陰に隠れる。

傘の花がつぎつぎと開き、二日目の恋に彩りを添える。

別れのことなど知る由もない若葉のような恋人たち。季節は変われど、来るのは夏だからか。

くちなしの花は甘い口づけを誘い、止まぬ雨は嬉しくも悲しくもない、情熱の冷たい涙。頬をつたう雨。傘の中。

夏休みの訪れとともに、せっかちな蝉たちは夜通し喘ぎ通す。

皮膚と皮膚が擦れあい、伸びきった爪の中に砂が入って痛む。掘り尽くされた砂場のトンネルをさらに深く掘り進み、粒が粗く重い砂の中で、指先が触れ合う。

心は砂糖のようにとろけてゆく。長い長い夜の真ん中で、羽化した蝶は濡れた翅を広げる。

誰にでも訪れる、誰よりも美しい瞬間。夜露に濡れる、恋が愛に変わる瞬間。

朝になれば、心の抜け殻は粉々になって風に吹き飛ばされ消えてゆく。

美しく濡れた翅はすっかり馴染んで、少しばかり汚れてきた。

森の緑は瑞々しさを失い、ただひたすら色とにおいが濃くなってゆく。

夏休みの折り返しは恋の折り返し。


いつからだろう。


誰かが気づく頃には、僕も同じようにそれに気づくのだ。

夏の終わり。止まっていた風が再び街を駆け抜ける。いつかの風とは逆向きの、さみしい追い風。

肩を撫でる、やさしい風。街のにおいを、そっと運ぶ風。

地下鉄は走る。今日もあなたを乗せて。

雨の日も、風の日も。
別れの日なら、きっと晴れた日がいいだろう。

（2007年7月号）

12　さらに東へ

早朝の東京。午前4時。
生ぬるい風に乗って、白みかけた空は眠りを妨げる若い雀たちの歓喜に満ちた声を響かせる。息はまだまだ酒臭く、何をするにも身体が動かない。眠りに就きたいのに眠れない。巷に溢れかえる癒しグッズは神経を逆撫でし、溜め息は早朝の空気からは些か浮いたまんま。

眠りに就こう。

眠れぬ夜は、時間をかけて眠れなかった朝へと姿を変え、街の日常へ溶け込む努力をしなければならない。計画的な投資と、スケジュールを守り、こなすことへの満足感のために、今日も働く振りをする。

ミスは、みすみす生まれるものだ。圧倒的にごろごろと転がってゆくベルト・コンベアーの上に整然と並べられた肉塊を、ひとつひとつチェックする機能としての自分。肉塊の、表情だけは決して見ないように／感情移入だけはしないように、ひとつひとつチェックする。好きな色以外の色の名前はもう、思い出せないくらいどす黒い肉塊の色を前に、生臭さと自分の酒臭さとのコラボレーション。

一瞬で悲鳴を上げる肉塊に、我にかえる自分。

自分自分自分……。

自分の未来のために、誰かの幸せを、誰かの心の重箱の隅をつつくような幸せをクリエイトする。そんな歓び。それに引き換え、自分の心の重箱の隅は、目をつぶっても見えることはない。だから、寝ない。眠れない。

やりたいこと／やるべきことが入り乱れ、結局何も生まれないまま日は暮れていく。コンビニエンスストアーの雑誌と、おにぎり、焼きそば、そして缶ビール。

初めてのキスを思い出そう。

初めてのキスは、うまいことできなかった。微笑ましくも何ともない。その娘の顔でさえ、もうはっきりとは思い出せずにいる。今日の肉塊と、同じような色。その娘と付き合った2年間は、ベルト・コンベアーでごろごろ転がっていってしまった。

思えば、キスなんてうまくできたためしがない。

缶ビールを開ける音が、ナイター中継のサウンドトラックになる。いや、逆か。

缶ビールのポイント・シールを剝がして、ちゃぶ台の緑に貼り付けていく。どうせ、期限が切れて次に部屋を掃除する時には計算書の山と一緒にゴミになっていくだけだ。使えないものと、使えるかも知れないけど使えないだろうものばかりに囲まれて、うんざりする。絶望だ。

ナイターは試合のもつれで、延長戦に突入する。9時半には、またあのくだらないバラエティー番組に切り替わってしまう。ビールも飲み干してしまった。

ナイター観に、球場まで行ってみようか。

そんなつもりもないのに、部屋を出た。ほろ酔いで家路に就くサラリーマンやOLたちの波をかき分け、駅へ向かう。切符を手持ちの小銭分だけ適当に買い、空いている各駅停車に乗る。

電車は川を渡り、漆黒の闇を黄色い光がゆっくりと流れてゆく。乗客が少なくなったので、窓を開ける。予想を全く覆す、やさしい匂いのする風が、髪を梳かす。この匂いは、自分の恋したものそのものだった。しばらくの間、眠りに就いていた。

駅で降り、誰もいない無人改札の時計は止まったままで、通路の裸電球に羽虫がちらちらと群がる音がするほかは、とても静かな夏の夜。肉塊はみるみるうちに虫たちに食べられて、土へ還り、雑草になる。雑草を踏みしめると足は自然に浮き上がり、次の歩幅をつくり出す。

歩みを止めるな。もしも、今止まったならば、誰もいない平原に置き去りにされて、肉塊と間違えられた自分は虫たちに食べられてしまうだろう。そして雑草になってしまった自分は、次に迷い込んだ誰かをまた肉塊へ変えてしまうのだろう。

茨の森はどこまでも続く。でも、気にしない。おそらく、この先には海があって、もしもそこで息絶えてしまったとしても、日の出が拝めるのならば、笑顔のまま眠りに就くことができるだろう。偶然だけど、東へ向かっているのだから。

（2007年8月号）

13 限りなく透明に近くなるということのブルー

透明人間になってみた。あとにも先にも、この1回だけだ。限られた時間は1時間。焦りと期待が入り交じり、息は荒くなり身体からは汗がほとばしるが、鏡に映るのは誰もいない部屋だけだ。いけない、もう3分も経ってしまっている。あと57分、有意義に過ごさなくてはならない。

軽く錯乱状態に陥ったわたしは、衣服を着ることなくドアを開けた。何の変哲もない、ごく普通の住宅街で、空気を肌いっぱいで感じる。夏なのに少し肌寒い感覚と、太陽の光を肌で受け止める感覚。そう、これが自由だ。灼けたアスファルトのせいで足の裏が熱いが、解放感からくる嬉しさを、誰かに伝えたくて仕方がない。

駅のプラットホームへは、踏切から侵入した。普段電車に乗っても誰も自分のことをじろじろ見たりしないのはわかっているのだが、まったくもって存在を認識されないこの現実に、身震いがする。台風前夜のような不謹慎な感覚だ。いや、実際クーラーの効いた車内は寒くて身震いがする。初めてのことだろうが、弱冷房車なるものを探し移動しようと試みる。しかし車両間の貫通路のドアを開けることはできないので、我慢するしかない。ほどなく電車は混雑し、立ち客が出てきたので、他の乗客に触れないように気をつける。前の男の腕椀時計を覗き込むと、もう18分も経っていた。

次の駅で降り、とりあえずこの文明社会の中で、透明人間としてできることを探りたい。気持ちの余裕を持ちたい。とりあえず、駅前の蕎麦屋に入った。透明であることに若干慣れてきたが、それでもざわざわと焦る気持ちが邪魔をする。そんな気持ちを解放すべく、すかさず蕎麦屋の厨房に入り込む。店主の目を盗み、ぱくっとつまみ食いをしたのが、出汁用の鰹節。口の中に入れたものは、外からは見えないようだ。もっとずる賢い悪戯がしたくなり、独りで蕎麦を食べているＯＬの向かいの席に座ってみる。

ひとってこんな風に蕎麦を食うのかと感心する。意識と無意識は、こんな風にレイヤー状になっているのか。地図の等高線のように、ひとそれぞれの気のようなものが見える。これは凄い。と思っていたのも束の間、ＯＬは携帯電話でメールを打ち出した。どうしても内容を確認したくなり、向かい側まで静かに移動し、携帯のメールを盗み見る。密かに淫らな期待を抱くものの、友達同士のたわいもないメールのやり取りだったようだ。

「おはよー（絵文字）ていうかもう昼じゃん（絵文字）今ちょうど昼休みでオンナ独り蕎麦中っす（絵文字）そっち今日休みだよね？　いいなー（絵文字）」

日常生活で感じるような不思議な安心感と、今まで感じたことのない官能的な興奮に苛まれ、自分は透明だということを忘れ欲情する。できる限りの接近を繰り返すが、なかなかどうしていいものかわからない。自慰行為だけはやめておこうと、心に誓っているのだが。高鳴る脈動を抑えきれずに、髪の匂いをこれでもかというくらい嗅ぎまくる。もうどうでもよくなってきた。あとにも先にも、このような性的興奮を覚えたことはないのだ。

しまった。ＯＬの肘に背中が当たってしまった。動揺している。わたしもＯＬも。動揺したＯＬは蕎麦のつけ汁をこぼしてしまった。つけ汁は丁度わたしの股から太ももあたりに付着した。これはまずい。ＯＬが声を上げて騒いでいる。逃げなければ。

慌てて蕎麦屋を出たわたしは、陰毛に付着した蕎麦のつけ汁を手で払いながら走るが、商店街を歩く何人かはこちらを振り向くではないか。これはまずい。慌てたわたしは、家屋と家屋の間にある細い隙間へ、まるで野良猫のように逃げ込んだ。すると本物の野良猫の親子がこちらを向いてわたしを警戒している。猫には見えるのだろうか。

気持ちを落ち着かせるべく壁に向かって立ち小便をする。自分の小便は透明で視界に入ることがないがしかし、地面はうっすらと濡れていくのがわかる。透明のメカニズムについて、あれこれ考える。しかし今、何分経過したのだろう。もう戻らなければ。

猶予はあと何分残されているのか、わからなかった。急いでタクシーを捕まえようとするが、数秒で我にかえる。アパートまで3駅、駅から徒歩8分。残された時間は22分だということに気づいたのは、駅のホームだった。急行が通過し、なかなか電車は来ない。慌てて時間の計算をするも、これはどう考えても間に合わない。


仕方なく、駅前の古着屋を物色することにした。下着はとりあえず、なくてもいい。最低でも靴かサンダルと、Tシャツと短パンがあればいい。店主の目を盗んで、試着室までそれらを持っていかなくては。タイミングを計って、なんとかTシャツとジーンズ1枚を持ち出すことに成功した。この際、靴はいいや。鏡には何も映らない。かろうじて、さっき付着した蕎麦のつけ汁の色が分かるくらいだ。おかしなことに、焦りの気持ちが鏡越しに見えるようだ。

服から値札のタグを外した。身体が元通りになればすぐに服を着て、何ごともなかったように店を出たい。

最悪の事態は起こりうる。試着室にひとが入ってきた。しかも驚くほどすてきな女の子が、目の前で服を脱ぎ始めたのだ。彼女の腕時計をチェックするまでもなく、リミットは迫っていた。彼女は半裸になり、わたしの細胞はもはや、パニックを通り越して、死を目前にしたかのような面持ちになっていた。次の瞬間、透明なわたしは、彼女を抱きしめ、キスをした。

次の瞬間、わたしは気を失ってしまったのだろうか。あるいはこの世のものでなくなってしまったのだろうか。視界にはまっ白な世界が広がっているだけ。何も見えない。何も聞こえない。

目を覚ました。低い天井と、左腕に刺さっている大きな点滴の針と、ベッドに拘束された動けないわたしが横たわる。横にいる婚約者は、さっきの女の子ほどすてきではなかったのだが、キスをしてくれた。血の味がした。

お願いだから、早く戦争が終わってほしいと、彼女は涙を流していた。なんで純粋でがんばり屋さんのあなたがこんな目に遭わなきゃいけないの、生きていてよかった、と言っていた。窓の外に酷く荒れ果てた町並みが見え、土煙と火薬の混じった匂いがする。

生きていてよかった、と早く思いたい。東京があったころの忙しい自分も、別になんてことはなかった。自分は、何一つできない男なのだ。そして、そんな自分は、誰にだってわかってもらえないし、わかってもらおうともしないし、ましてやひとのことなんて考えることはできないのだ。そうやって、戦争は起こるのだ。涙なんて流さないでくれ。あまりにも透明すぎて、死にたくなってしまう。

（2007年9月号）

14　CODA

俺はヒモ。

改めて考えてみると、もう3年間ずっとヒモをやっていたわけだ。

3年前、10月の終わり。

誰にも言えない自分の趣味のために、誰にも内緒で稼ぎのほとんどをそれに費やしていた。誰にも理解することはできないし、理解してもらったところで誰が幸せになることもない。そう、自分自身ですらそうだ。もはや、趣味といえるものかどうかもわからない。つまり、物理的にも心理的にも、何ら生産性がないのである。かといって、誰かを傷つけるようなことも、おそらくないのだろう。親に知れたところで、その意味を理解しようとすら思わないだろう。ただ、何の因果かはわからないが、投資してくれているこの女性だけが、それを価値だととらえていたのだろうか。

彼女とは、いっさいの性的関係を持たないまま、3年間同じ屋根の下で暮らしている。俺は掃除や洗濯など、いわゆる家事一般に対しては明るいほうなので、そういった意味で彼女に負担をかけているとは一切ないだろう。そして、食事だけは、自宅の畑で採れたものと、釣り人の友人から貰い受けた川魚と、鶏肉だけを使って、必ず一緒に料理し、一日2食を共にする。勘違いしないでほしいのが、そこに趣味的な歓びと、過剰な食欲への期待があるわけでもない。意図しているわけではないのだが、極めてストイックでロジカルな生活を通して、我々の関係は成り立っている。

自然に囲まれた生活は、好きでもきらいでもないのだろう。もともとそういったものに興味があったわけではない。ただ、都会の喧噪から得るものは資本金だけだった。自分の趣味への投資目的で、何もないこの場所へ彼女を連れて来た。

彼女はおよそ月額55万円程度、稼いでいる。ただ、彼女がいったいどういった職業に就いているかとか、そこにどういう人間関係が存在しているのか、まったくもって知る余地もない。そこに対して詮索はしないし、もちろん彼女もそれを教えてくれはしないだろう。

俺はヒモなのだ。

趣味の時間は、彼女の目の前でいそしむ。彼女がそれに対してどういう興味を抱いているのか、知る余地もないほど俺はそれに熱中し、終えたあとの心の揺らぎだけが、俺に人間らしいムラというものを引き戻す。その瞬間、必ず彼女は不可思議な行動をとる。それについて詮索することも、全く意味をなさないということと、実はそれに対してすこしだけ恐怖感を抱いてしまうということもあり、全く気にしないそぶりで日常の生活へ針を戻す。

彼女は、先月から資本金を渋るようになった。

そこで生まれる疑問や怠惰も、膨らむことなく消えていくので、気にしないのが一番だと現状の効率化を試みる。心理的に欲張ることなく、回数を減らすことなく、少しだけ情感豊かに取り組むことにした。

今月、彼女はついに体調を崩した。細かくは言えないが、おそらく原因は俺の趣味にあることだけが明確だった。当然のごとく、看病をしなければならない。病院に入れる金もないので、ありったけの知識と労力をつぎ込んで、精一杯の看病をする。それでも、彼女の病状は快復しなかった。

俺は、働きたくなかった。もし社会に出て働いたならば、物心ついた頃から続けてきたことが台無しになってしまう。そうすれば、生きていることの意味は、なくなってしまうのだろう。誰がなんと言おうと、俺は知っている。こんなどうしようもない意味の分からない俺の生業を止めてしまったならば、この世界に生まれてきたことを呪うことしかできなくなってしまう。

えっ？

彼女が現れる前は、自分の稼ぎで趣味を満喫していたのだろうって？

俺は3年前に、自分のそれを売ることをやめてしまった。価値のないものを、価値のわからない奴に売りつけることに疲れてしまったのだ。おそらく前世では、まるで魔法のように通用したこの趣味も、今では額縁に入れられて日干しにされ笑い者にされてしまうこと以外、意味のないことになってしまったのだろう。例えるなら、死体を売って老人ホームを建てるような、無様なことをやめるきっかけになったのは、この不思議な女性がいたからだ。

彼女は冬を待たずに、死んだ。

不思議なもので、最後まで彼女のパーソナルな部分と俺のパーソナルな部分は愛情で繋がることなく、彼女は先に死んでしまった。誤解を恐れずに言うと、今まで恋をして、愛を育んだ女性がいなかったわけではない。ただ、俺の滑稽な趣味はあまりにも無の世界で、そこには彼女と俺しかいなかったのだ。

ありがとうもさようならも、この世界の中ではどうしようもないくらい無力だ。

無の世界。

燃えかすの紐。

（2007年10月号）

15　運河の街

僕は16歳。生まれは運河の向こうの国の漁師町だと祖父から聞いたことがあるが、そんなことはよくわからない。この街以外の景色を何一つ知らないし、両親の顔さえも見たことがない。もし、街の衆に両親の話をしたならば、この街を追われることになると、しつこく祖父から教えこまれてきたのだ。

その祖父も数年前、病に倒れそのまま帰らぬ人となってしまった。丁度その頃からだろうか。この街よりはるか南にある首都での内戦がどんどん激しくなり、一部の富裕層や、治安の悪化から職を失った国外企業の駐在員たちが次々とこの港町にやってくることになった。

物心ついた時から僕は、小さな桟橋のわきにある灯台の灯台守を任されていた。僕にはこの国がどのような国なのか、自分の神が何なのかも知る由もなく、灯台から外に出ることもない。幸い食い物にはしっかりありつける。港にはいろんなものが転がっているし、日曜市の雑踏にまぎれて一週間分の穀物と果物、干し肉をくすねることだけが生きる歓びだ。

灯台守は、神に任されているわけでも国に任されているわけでも何でもなく、ただ祖父の見よう見まねでずっとその任を任されているだけだ。だからと言って面倒くさいことがあるわけでもなく、危険に晒されることも、面倒な礼拝や労働に駆り出されることも一切ない。ただ、日曜市で街なかに出るその時だけ、死んだ祖父よりも些か流暢な口ぶりで、死にやがれこのブタ人間が、神が見捨てたこのドブネズミを焼き払えと、罵声をおおいに浴びることになる。彼らに何の感情も関係も持たない身としては、身の危険にだけ気をつけていれば気にすることではない。

ここ最近、日曜市の雰囲気がおかしい。

街の衆とは肌の色や顔立ちが明らかに違う、大柄の男たちが市をうろつくようになった。彼らは聞き慣れない言葉で話し、街の衆に暴力を振るうようになった。聖地と呼ばれる寺院のある港付近のこのエリアに銃弾が雨あられと降ろうとは、誰も予想できなかったことだろう。

何かが急激に変わってゆくのがわかった。僕と同じ肌の色だった顔見知りの乞食を見なくなって久しく、市にあった食料品店のほとんどは姿を消し、見たこともない鉄のかたまりを売る店に変わった。あぜ道は舗装され戦車や軍用機が通る産業道路になった。

遂にその時はやってきた。

髭の濃い、悪名高い自治政府の高官が、ありったけの軍人を連れてこの港にやってきた。程なく、背の低い位の低そうな軍人がこの灯台に入ってきた。彼はこの国の情勢やなんやについての説明をひとしきりしたあと、僕の腕に手錠をかけた。彼は暴れる僕を銃の台尻で殴り、引きずりながら外へ放り出した。おそらく後頭部から出血している。

意識ははっきりしていたが、抵抗すると殺されてしまうと思ったので、意識を失っているふりをした。痛みは酷く、かなり出血しているのだろう。どこに連れてゆかれるのかは知らないが、もうここへ戻ることはないのだろう。神に背き続けた罰を受けているのだろう。僕はすぐにでも祖父のところへ行くのだろう。

大きな軍用トラックの荷台には檻があり、程なくそこへ放り込まれ、しばらく待たされる。日曜市のメイン・ストリートのど真ん中にとどまり続ける軍用トラック。今度は本当に意識が朦朧とする中、聴いたこともない音楽のようなものが流れてくる。程なく女の声で歌のようなものが始まる。

時代は変わる
誰のものでもなく
神に背いたことも
忘れ去られてしまうのだろう

小さな箱庭で
流れ星のように生きそして死んでゆく君たちには
この歌を理解することはできないのかも知れない

だからと言って悔いることはない

君はとても美しく
誰のものでもなく
君を知る私だけが
いつの日も欠かすことなく献花する

恥じることはない
故郷は今でも美しく
何を欠くこともなく
君を眠らせてくれるだろう

（2007年11月号）

16 電車男

電車の運転手になろうと思った。

物心ついた頃から、電車がずっと好きだった。青春時代を感じることもないまま、大人の仲間入りをしてしまった今も、まだ電車のことばかり考えてしまう。電車のことが、好きだ。

実家の前は電車通りで、朝から晩まで15分おきに、上り電車と下り電車が交換する小さな信号所があった。小さな老兵たちはごろごろ音をたてながら信号所ですれ違い、再び発車してゆく。晴れた日なら土煙にまみれながら、雨降りの日にはぎこちなくワイパーで涙を拭きながら、歩くように走る。

ここから終点の駅までは、歩いて行けないような距離ではない。終点は街のはずれにあり、つまり電車の中には人がまばらであることが多かった。

老兵たちは、疲れを知らないのだろうか。最近開通したバスはまるで子供のおもちゃのようにピカピカ光り、金魚のようにすいすいと電車をよけて走り去ってゆく。老兵たちは、歳を重ねるごとに塗装が剝げ、ただでさえまばらだった乗客が、さらに減っているように思えた。それでも、15分経てば、次の老兵たちが顔を突き合わせては、走り出す。

僕は、電車に乗ることができなかった。何故なら、生まれながらに身体が不自由で、ずっとベッドに横たわったきりだから。それでも、軒先を走る彼らを、誰よりも見守っていたのは、まぎれもなく僕だったろう。

秋も深くなってきた頃、いつもなら行き先表示を掲げている上り線の老兵が、今日はすっぴんのまま街のほうへ向かって走り去って行った。乗客は誰ひとり見当たらなかった。

冬になり、部屋の窓は閉め切られる。ごろごろうるさい車輪の音だけが、老兵の健在っぷりを教えてくれる。

師走の頃、15分おきにステレオのように両耳から聞こえていた鉄輪の音が様相を変えた。およそ40分おきに、下り電車がゆっくりとやってくる。そしてそれがそのまま折り返してくるのはその10分後。上り電車は些かいそぎ気味に、街へと向かう。考兵の足腰は弱っているだろうに、悲鳴に近いモーター音を唸らせながら、辻向かいの勾配を越えてゆく。

年が明ける頃、感覚のなかった左足が引きつるような、痛みに近い感覚をおぼえた。月に一度診察に来ていた町医者は体調を崩し寝込んだらしく、ここ二月ほど処方箋も出されていなかった。父親は禿げ上がった頭をぽりぽり掻きむしりながら、リヤカーの上に僕の身体を乗せた。父親は無言のまま、電車通りを町へ向かってリヤカーを引いた。

夕暮れに溶けてしまいそうな鉄の轍は、辻向かいの勾配を登り切ったその先のなだらかな下り勾配へと、まるで両の眼からこぼれ落ちる涙のように、まっすぐの二本の線となり、初めて見るその景色すらまどろむほどの哀しみで胸がいっぱいになった。

やがて、遠くからなだらかな勾配をゆっくりと登ってくる下り列車が、僕を乗せたリヤカーとすれ違う。久々に再会した老兵に、なんと声を掛けようか。腹の底から、声を出そうとする。生まれて初めて、声を出したかった。それでも、声は出なかった。

町へ近づいた頃には、とっくに陽は落ちてしまっていた。街灯の黄色だけが二本の轍を照らす。やがて二本の轍は幾つかに分かれ、そのひとつが弧を描きながら、古ぼけた車庫へと通じていた。

車庫の中には、息絶えた老兵たちが折り重なるように葬り去られていた。秋の終わりに見た上り線の老兵も、その中にいた。

灯りの消えた古い病院に担ぎ込まれた僕は、おそらく意識を失ったのだろう。痛みはなかった。ただ、いろんなものが、近づいては遠ざかるような、不思議な感覚に包まれながら。まるで家の前にある信号所で交換していた老兵たちが上り下りに走り去って行くかのような。

春になり、意識が戻った。そして今度は、病院から車椅子が用意された。父親は消息不明になり、僕は叔父に引き取られることになった。

退院した僕は叔父の車に乗せられ、荷物を取りに家へと向かう。病院を出たところにあった電停はおろか、まっすぐに伸びていた二本の轍も、跡形もなく撤去されていた。線路があったところは舗装され、新たに道路として整備されていた。車庫のあったところも、空き地になり廃材にまみれていた。なだらかな勾配を登り、辻向かいのカーブを下りると、信号所の小さい小屋と、足回りを抜き取られ、まるで剝製のようになってしまった一両の老兵がバス停にぽつりと置かれていた。

僕は大きな街へと引っ越し、学校に通わせてもらえることになった。

学校を卒業する頃には、文字も書けるようになり、先生やクラスメイトの名前もようやく覚えられるようになった。それでもしばしば、僕は老兵たちのその姿や土煙、ぎこちないワイパーや、ごろごろうるさかった鉄輪の音を思い出す。

僕は電車が好きだ。

僕は電車の運転手になりたい。

（2007年12月号）

17　上りのぞみ

故郷へ舞い戻る。

故郷の人々の暮らしは何ら変わることなく、僕が住んでいた年月と全く変わる様子がない。街には高層ビルが増え、地下鉄が延び駅前が再開発されても、十九歳の若者たちは、十九歳の頃のわたしと同じような歌をうたっている。いや、少し語弊がある。かつて、わたしはそのような歌をうたっていた、ということだ。

東京へ戻る新幹線の車内は、ほんのりアルコールの匂いといびきの音に包まれていた。故郷を背に後ろ髪引かれるような気持ちになるまでもなく、深い眠りに就いてしまった。

夢をみる。

夢の中で、あなたは再び歌い出す。

あなたの歌は、たった3つのコードに乗せて、泉のような透明さをもって、湧き出す。そしてありったけの思いと、小さな身体をくねらせて叫びは言葉になり大地を切り崩し、メロディーになって流れ出す。河だ。

海まで届くのだろうか。

やがて、音楽はたくさんの物事を必要とするだろう。よりスムーズに喋るためのおべんちゃらだったり、メロディーを化粧してあげるための多くの複雑なコードだったり、亡霊のようにつきまとう音楽の歴史だったり、夜通し踊るための甘い誘惑だったり……。

河はまっすぐには流れない。

音楽は、ひとつの愛の形であり、それを作る君たちは、授かり物を受けただけの、ただの職人だ。職人は、絹糸を織るように、愛を作る。

愛と平和を声高に叫ぶメッセージは、音楽のないところで虚しく響く。それを利用して自らの許しを請う愚か者たちは、全く悪意などなく、雑踏の中に踏絵をばらまき続ける。それを今日も、たくさんの愚か者たちが踏みにじる。音楽は踏みにじられて形を歪ませられてゆく。メロディーの河は流れが悪くなり、歓喜のリズムだけが虚しく残響する。

あなたの歌は、生まれたばかりだ。

それはとても綺麗で、恋に落ちたその日の夜のように悩ましい。

新幹線は名古屋を過ぎ、長い静岡県のまっただ中だった。暗闇はまるで海原のようだ。風を受けて、飛んで行ってしまいたい。あなたの歌は、まだ産声を上げたばっかりだ。

もう一度眠ろう。

（2008年1月号）

18　ぶっ殺す

怒りは爆発し、心の中に茂っていた若草は瞬く間に燃え上がり、それは憎悪に変わる。周囲の人間はすべて、時間がすべてを解決してくれると大人ぶって僕を落ち着かせようとするのだが、予想通り、心の中は焼け野原へと変貌し、哀しみと絶望以外何も残らない。

世の中にはびこる無責任という名のすべての現象は、それぞれの心の中で天秤にかけられることもなく、ガスのようにばらまかれてゆく。ガスを胸いっぱいに吸い込んだ若者たちは、自分たちがトチ狂ったことを言いながら、新種のガスをばらまいていることに対しても、もちろん無自覚である。

正しくあろうとすることは難しい。おそらく、不可能だったろう。正しくあろうとしても、これだけ目の前に美味そうな餌が次から次へとばらまかれているわけだ。けれども、僕も、君も、みんな手足を縛られていることには変わりない。それでも、正しくありたいか？

どうだろう。

喜怒哀楽という便利で使い古された慣用句は、今日も変わらず世界のバランスを作っていることだろう。それぞれが表裏一体となり作用と反作用を繰り返し、今日も笑える人や今日も泣いている人が様々なレベルで存在する。世界中の人たちが、国が、動物が、草木が、ともに笑いあって支えあう世の中なんて嘘っぱちだ。そんなことは、小学校に入る前からわかっていたつもりだ。

それにしてもこの行き場のない怒りを、どう鎮めればいいのだろう。あるいは、心の中から引きずり出して、いろんなものを焼き尽くしてしまったほうがいいのだろうか。

怒りが哀しみを呼ぶ方程式の中で悶え苦しむのはもうごめんだ。一秒でも早くゴウゴウと燃えさかる炎を、有効活用できる方法は何かないのだろうか。

ゴミや、ゴミみたいないろいろなものを、怒りにまかせて焼き尽くして、その灰を埋め立てて島を造ってビルを建てたとしても、呪われた灰は地表に舞い戻り、悪いガスが僕や君の肺を満たしながら、殺人事件に発展したりするんだろう?

ぶっ殺したい。

この不思議な感情を、捨てていってもいいゴミ置き場なんて、どこにあるんだろう。

ぶっ殺したい、その理由なんて、えらくちっぽけなことなのに、なんでこんなにぶっ殺したいんだろう。

僕の心の中にある、小さな庭の平穏な景色や小鳥のさえずりを守りたいだけなのに、なんでぶっ殺したいんだろう。

振り向けない。振り向くとかなしくなる。後悔してしまう。

落ち着けない。落ち着いたなら、朽ち果ててしまう。

切り替えられない。切り替えたその瞬間、首がもげてしまいそうだ。

歩けない。疲れきって、日も暮れてしまった。

工場街を眺める川の土手をてくてく歩く。親子ふたりの長い影は、夕暮れの淋しさを助長する。もうひとまわり長い僕の影からは、ガスが陽炎のように揺らめいて、雲になって月をおぼろに変えてゆく。明日は雨降りだ。

（2008年2月号）

19　スイングしなけりゃ意味がない

ずっと付き合っていた彼女と別れた。

いろいろ振り返るとつらくなることが多いので、今は自由を謳歌するために毎日のように夜遊びに出掛けるようにしている。

もし無人島に持っていくならどのレコードですか、と訊かれるたびに答えていたこのレコードも、結局彼女の趣味の受け売りだったんだと、あっけらかんと気持ちが冷めてしまった。

週末になると、ジャズのライブが行われるライブ・バーに入り浸るようになった。

ジャズはもともと苦手だった。と言うよりも、ただの聴かず嫌いだったのだろう。敬遠していた理由は明白だ。付き合っていた彼女の趣味とかけ離れていたものだったからなんだろう。

売れないロックバンドを続けている僕も、この世界に入ってはや七年近くになる。残念ながらもう若くはない僕は、ロック音楽に心がときめくことが無くなってしまっていた。煙草臭いライブハウスの壁にマジックで落書きすることが生きがいだった僕が、必死にジャズのレコードを掘るようになった。

ジャズマンたちは今夜も演奏を始める。背の低いドラマーはいつもと同じように白い歯を見せながらスネアを擦るようにビートをつくり出す。ベーシストはどんなときも一切笑顔は見せず、冷徹な表情のままビートをグルーヴに変えてゆく。

ピアニストはというと、眼の焦点が少し定まっていないような、危なっかしい酔っぱらいにしか見えない男だ。彼の弾くフレーズは、有名なフレーズなのだろうか。そのタッチはびっくりするほど官能的で、目の前の景色を一瞬歪ませるほどに動物的というか、感覚的だ。

彼らが有名なトリオであるのか、誰かの有名な曲を演奏しているのか、即興の要素が強いものなのか、全く僕にはわからない。ただ、ひたすらハートを鷲摑みにされっぱなしだということと、自分が長いバンド生活でやってきたことの稚拙さを、酒に呑まれれば呑まれるほど恥じることになるのだ。

演奏は壮絶なドラム・ソロののち、最初のテーマ・フレーズに戻ったところで拍手喝采が激しくなり、初めてベーシストが笑ったところで終わった。

どうしても話しかけたかったのだが、やはり話しかけにくいもので、もう三杯ほど飲んで店を出た。

僕はジャズの魅力に取り憑かれていく自分自身を祝福した。

彼らの次のライブをチェックして、ビル・エヴァンス[※1]やキース・ジャレット[※2]なんかのピアノ・ジャズのレコードを沢山買って聴いた。

水曜日にある、バンドの練習に行くのが憂鬱だ。メジャーとの契約もおそらく次で終わりだろう。パンキッシュなサウンドも、年齢とともにヌルくなってゆくのを肌身で感じる。進歩のないほかのメンバーとコミュニケーションをとることにも、疲れた。

自宅の部屋で、確定申告用に領収書の整理をしていたら、本棚の奥のほうから『初心者でも分かる、ジャズギターコード入門』という本が出てきた。おもむろにギターを手に取り、見よう見まねでコードを弾いてみたが、そんなことで彼らのやっていたような官能的な音を鳴らせるはずもなく、結局酒を飲みながらレコードを聴いて撃沈した。

次の週の土曜、ライブ・バーではそのバンドが、今日も演奏することになっていた。何やら今日は客が多いなと思っていたら、見覚えのある顔の女がバンドとともにステージに上がった。背の低いドラマーはいつもより丁寧にテンポをはかり、ベーシストは眼をつむったままロング・トーンを紡ぎ出した。ピアノのテーマが形を崩したところで、女は歌い出した。彼女の歌声はまるでシルクの裏地のようにたおやかで官能的に響き、自由に飛び回るような彼女の歌は客席に突き刺さる。一曲目が終わるや否や嵐のような拍手が起こった。

鳥肌が立った。

最後の曲を歌い終わり、いつもと同じようにメンバー紹介があるまで、その女が誰かわからなかった。

自分のバンドがメジャー・デビューすると同時に、その会社の契約を切られ解散したロックバンドのヴォーカルの女の子だった。

話しかけられるはずもなく、僕は店を出た。音楽を始めてから今までで いちばん、悔しくてたまらない気持ちになった。


（2008年3月号）

※1　ビル・エヴァンス：アメリカのモダン・ジャズを代表するピアニスト。
※2　キース・ジャレット：アメリカのジャズ・クラシックピアニスト、作曲家。

20 東京――山の手の内側、森林へ

温暖化などによる南極の氷の融解問題で、海水面上昇による埋没が懸念されている東京、そして大阪、名古屋など大都市圏では、港湾地区を中心に50メートルの高さを誇る特殊防波堤「メートル・ゼロ」の建設が進められている。

既に官公庁や大手企業は京都や長野などの内陸部の都市への「引っ越し」を終え、人口集中による乱開発と地価高騰、荒廃した港湾部の都市での空洞化と治安の悪化が問題になっている。国会では野党連合による年五度の「sage推奨国会」の勃発で、先日開業したばかりの中央リニア新幹線の名古屋地区のルート廃止代替案の可決もままならない状況だ。いま日本は空港建設や乱開発だけではなく政治や経済をも巻き込んだ有史以来の混乱状態にある。

春を待たずに閉鎖が決定した人工島「ニート愛らんど（○○県××市）」に住む市民運動家の女性（58歳）に話を聞いた。

――人工島の閉鎖が決まりましたが、今どのような心境か。

「この島が街開きをした時に、もう亡くなった両親がマンションの抽選を当てて、私たちの子供の代までずっと住んでおりました。夫は30年前の大震災で亡くなり、子供たちは年末の強制疎開処置で京都へ連れて行かれました」

――ここにとどまる理由は。

「もちろん、ここは行政が山の土を削って海を埋め立てた島なので、もしかしたら罰が当たったのかもしれません。でも、私たちにとってはここが故郷なんです」

――「メートル・ゼロ」計画に反対されているらしいですが、その理由は。

「あんな壁を作っていったい何になるって言うんですか。あんなことやってる国は日本とアメリカだけですよ。ハワイ島の話を聞いた時はさすがに驚きました」

女性は、最終疎開が予定されている来月を目処に、「メートル・ゼロ」建設が進む東京市に拠点を置くことを決めている。遷都を終え閑散とした東京都は、23特別区を5分割（東京市、世田谷市、北東京市、にほん港市、ねりま市）のうえ、旧JR山手線の内側を森林に戻す計画を発表した。「メートル・ゼロ」からほど近い東京市とにほん港市では、かつてのJR山手線の内側の空洞化と、近年発生した大規模デモによる破壊行為によるスラム化が問題になっている。昨年に群馬県や川崎市北部で建設が進められた高層仮設住宅への入居が始まり、国内最大の強制疎開がおこなわれた。このため東京市の面積のほとんどを占める旧JR山手線の内側地区の人口密度は1平方キロメートルあたり300人を割り込んだ。

300年近く東京で割烹料理店を営んでいる8代目店主の男性（42歳）に話を聞いた。

――東京都時代の風物詩、山手線が消えてはや3年ですが。

「ウチはずっと新橋で店をやってたから、さすがに鉄道がなくなる、ってのはショックだった」

――駒込に移られた理由は。

「さすがに新橋ではもう飲食店どころか、普通に生活できないんじゃないか。でもあの頃が普通だったかって言うと、それも違うような気がするなあ。こっちはプライド持って商売してるからあれだけど、地方から出てきた学生さんとか、そうだねえ……若いサラリーマンとか、みんなあの頃は辛かっただろうねえ。幸せそうに見えて、みんな我慢ばっかりして生きる意欲をなくしてたんだからさ」

――今では当時の難病、「うつ病」に悩む人は減りました。

「そうだねえ。俺も昔はやばかったんだぜ。今はそれどころじゃないからね」

――これからどうするつもりなのか。

「駒込も、ぎりぎり東京市だからね。昔の東京は、地方から来たやつばっかりだったけど、今こうやって残ってんのは、いわゆる江戸っ子ばっかりだろ。こりゃみんな意地だよ。最後の意地だ」

（2008年4月号）

21　東京――山の手の内側、森林へ Ⅱ

地球温暖化の影響で上昇した海水面は、日本列島の沿岸都市を壊滅的状況に追いやった。そこで政府は苦肉の策を講じることになる。巨大防波堤「メートル・ゼロ」の建設だ。

２０ＸＸ年――。

20世紀の後半より問題となっていた地球温暖化は、21世紀を迎え深刻化した。神はいたずらにも、そんな深刻な時期に世界中を巻き込む紛争を勃発させることになる。

全世界を震撼させた9・11テロ[※1]を皮切りに、イラク戦争は周辺の中東諸国のみならず世界中を巻き込み、チベット問題から発展した中国での内戦はオリンピックを前代未聞の中止という事態に追い込み、その前後に兆しを見せていた壊滅的なドル安とロシアの巨大化は世界の経済構造を根底からひっくり返すことになる。

激動の世界の中、もはや机上の空論となってしまった京都議定書[※2]についてEU諸国も静観するようになり、世界はその受け皿である「地球」そのものについての興味を失っていた。

その頃日本では、深刻なデフレ、そしてとどまるところを知らない少子高齢化が国内の経済や政治を変えた。北海道の夕張市を皮切りに財政が破綻する自治体が後を絶たず、首都圏に殆どの人口が集中するという現象が起こる。中でも、東京都23特別区（現在の東京市、世田谷市、北東京市、ねりま市、にほん港市）と、首都機能の一部が移転した神奈川県特別市（旧横浜市、川崎市）においては、住民票の取得が抽選制になるほどとなった。

いじめなどの問題が深刻化し、動機の不明な殺人事件が次々に起こったのもその少し前のことだ。第四世代の携帯電話は通信のみならず様々な分野において日本人のライフスタイルを変えてゆき、コミュニケーション能力を低下させる一因となった。

温暖化によって数々の外来種が定着している日本列島だが、なかでも太平洋側の地方に発生した伝染病、無気力病を媒介する害虫ネムリバエ（ニホンツェツェバエ）の大量発生は記憶に新しい。また、有害性の発見が遅れ問題となっていたタミフルによる大脳新皮質への影響なども日本人の健康神話を覆すことになる。また、課税による煙草の価格高騰は喫煙者や未成年者による違法ドラッグ服用に拍車をかけ、苦肉の策ともいえる合成麻薬の一時容認（実質上は解禁）令が出されたのもこの頃だ。

現在、ねりま市に住む元歌手のAさん（62歳）は嘆く。

「あの頃を知る人間はどんどん少なくなってきたけど、まだその当時は日本を捨てるやつは少なかった」

ここ10年ほどで、海外への移民も急激に増え続けている。海水面上昇の影響を直接受けない中欧などでは、イタリアやスペインをはじめヨーロッパ諸国からの移民を大勢受け入れている。かつての古都であり、観光都市でもあったオーストリアのウィーン、チェコのプラハ、ハンガリーのブダペストの三都市は、いまや世界の政治、経済の中心である。昨年、ようやく韓国、日本からの移民を受け入れる手筈が整い、既に数万人が難民として欧州へ移った。

かつての佃島（現在は埋没／にほん港市）で佃煮店を営んでいたBさん（81歳）は欧州についてこう語る。

「この歳になって、店を守ることもできずに毎日、死を考えていた。まだ佃島があった頃も、もう佃煮どころか日本の食文化自体が死に絶えていた。失意の淵に立ちながら、家族に連れられブダペストにやってきた。不思議なことに、なんだか凄く懐かしい感じがした」

今や世紀の大国となったロシアの様々な影響は日本を再び変えつつあるが、ソビエト共産党政権時代のロシアのノスタルジーを色濃く残す旧東欧は、もしかするとかつての日本を知るものにとって「失われた故郷」を感じさせる土地なのかも知れない。

（2008年5月号）

※1　9・11テロ：アメリカ同時多発テロ事件。2001年9月11日にアメリカ合衆国内で同時多発的に発生した、航空機等を用いた4つのテロ事件の総称。

※2　京都議定書：1997年12月に京都で開かれた第3回気候変動枠組条約締約国会議で採択された、気候変動枠組条約に関する議定書。温室効果ガスの削減目標を定めた。

22　東京——山の手の内側、森林へ　Ⅲ

世界中で順調に進みつつある建設工事「メートル・ゼロ」の進捗と反比例するかのように、出生率の減少が深刻な問題となりつつある。これは、日本をはじめとする幾つかの先進国において、慢性的な人口の過密化や景気の悪化、デフレ、福祉行政の怠慢などから起こっていたそれとは異なり、原因不明の不妊症を発端とした「滅亡へのカウントダウン」である。これは、抗がん・抗エイズ治療が整いつつあった2020年頃より不気味に顕在化した「超現代病」である。

現在ではいくつかの小さな島と成り果てたスカンジネイヴィア諸島（元フィンランド共和国、スウェーデン王国）で暮らす18歳の少年、フィリップ・ペイジは、ユニークともいえる前時代的な娯楽を用いることにより、絶望に打ちひしがれている世界中の若者たちを夢中にさせている。

民衆のための、民衆による民衆の音楽「ポピュラー音楽」の復権である。

祝祭や儀式、伝達の手段でもあった原始音楽から、小さな「社会」を形づくる民族音楽が生まれ、技術や感性の向上、あるいは宗教の出現と宮廷文化の台頭などにより生まれた「12音階の平均律」が長らく先進国においてのポピュラー音楽の雛形となった。録音技術の発達とともに瞬く間に世界中の音楽をより「娯楽」に近付けた。

善くも悪くも「娯楽」に成り下がった「音楽」は、20世紀後半から21世紀初頭にかけて、ＩＴ化による配信過多から生じた「音楽デフレ」や世界各国の経済バランス、自主規制、音楽産業の空洞化などが原因となり、質の低下は「公害」との認識を生むようになってしまった。「ポピュラー音楽」は徐々に世界市民に見向きもされなくなっていった。

ひとつのカタチを失った「音楽」は先祖返りを始めてしまう。より宗教的／儀式的なものか、電子加工音楽などの、加工された人間の声とリズムや音響の骨組みだけとなった所謂ドラッグ・ミュージック（スケルトン音楽、とも言われている）に二極分化され、余裕や豊かな生活、あるいは心理的葛藤のなかから生まれるメランコリックな音楽は、ここ10年で姿を消してしまっていた。

音楽家だった両親をもつ前述のフィリップ・ペイジは、孤島となった元フィンランドの「シベリウス島」に残る音楽学校「シベリウス・アカデミー」において、16世紀から21世紀までの様々な音楽を聴いて育った希有な若者である。

「両親がアカデミーの教師をやり続けられたのも、ここが孤島として奇跡的に残ったことと、スカンジネイヴィア中の演奏家や愛好家たちの努力によって、法規制を逃れて学校を維持できているからなんだ」

これは曇りなき眼で話す彼の弁だが、かつては世界中の先進国に幾多もあった音楽大学などの教育施設は、「緊急時啓蒙主義法案」によって、音楽の演奏や鑑賞を規制した。これはつまりどういうことかと言うと、啓蒙の一環として、宗教的、あるいは即物主義的な音楽を主軸とすべく、全世界において、一斉にカリキュラムの更新を行ったということに他ならない。これは義務教育での音楽教育や、企業が経営する音楽教室にもおいても同様であり、自由主義／個人主義的な苦楽は一気に廃れていった。つまり、芸術はNGだということだった。

彼は、アコースティック楽器を片手に、彼自身の言葉で歌う。かつて一世を風靡したモーツァルトやビートルズ、マドンナやボブ・マーレィなどの楽曲を再構築し、決して録音や配信を行うことなく、北半球の主要都市を中心に演奏旅行をしながら、訪れた国々で若者の心を鷲摑みにしているという。

スイスのチューリヒに住む銀行族（現在の世界金融の中心である）は、NATO[※1]を通じて法規制の解除または免除を訴えながら、彼をバックアップすることを決めた。

それに対して彼自身のコメントは一切発表されてはいない。

彼は自身のオリジナル楽曲で、こう歌っている

「さざ波が世界を　まるで毛布のように　包み込むことなんて　何度も　夢にみたじゃないか」

「決して交わることのない二本の線が　退屈を生んでいたのだろうか」
「今はみんな元気なのかな　ここは小さな島だけど　もともと小さな星　だったんだ」
「神はいるけど　きみがいるじゃないか」
「そうあれば　じゃなくて　そのとおりなんだよ」

（2008年6月号）

※1　NATO：北大西洋条約機構。アメリカ合衆国を中心とした北アメリカおよびヨーロッパ諸国によって結成された軍事同盟。

23　東京——山の手の内側、森林へⅣ　メートル・ゼロ

かつて世界中には幾つもの壁が存在した
ベルリンの壁が壊された時のことを覚えているかい
僕のおばあちゃんは呟きながら眠りについた

東へ西へ　渡り鳥は自由に飛び回り我々を見下ろす
広い大地のことを覚えていてくれよ
僕のお父さんそう言い残して東へ旅に出たっきり

君と出会って良かったのかな
君は遠い国のひと

裸の君はベッドの中でこう呟いた
はじめて海を見た時は　とてもじゃないけど
ロマンチックでもノスタルジックでもなかったと

北へ南へ　運命の赤い糸は熱波に溶かされ広がってゆく

赤い絨毯のようになった赤道の上を巨人が歩く
僕らが出会ったのは失われた故郷

今日に限って抱いてほしいの
僕は失われた国のひと

波は来る日も来る日も強くなり
宝石もご馳走も奪っていった
今日は君が生まれた日
その涙で宝石を
赤道の果実でドルチェを作ろう

ふたりの間にメートル・ゼロ　荒れ狂う波は恋の誘惑
壁なら壊してメートル・ゼロ　息絶えた夢はマイナス5℃
壁に落書きメートル・ゼロ　血糊で描いた相合い傘
4　3　2　1　メートル・ゼロ
メートル・ゼロ

フィリップ・ペイジが書き下ろした歌曲、〝メートル・ゼロ〟は、先日支持を表明したスイスの銀行族や、NATOなどの政治機関の援助をまったく受けることなく、また配信なども一切使うことなく、世界中の若者へと広まった。

ヨーロッパを中心に幾つかの大都市部では、「フィリップス・ファウンデーション」と呼ばれる彼のフォロワー達が生まれ、音楽だけではなく、法規制をかいくぐって形にとらわれない新しいアート・フォームを生み出しつつある。しかし、その中には過激なデモンストレーションを匂わせる不穏な空気も漂う。実際、各地の「メートル・ゼロ」に落書きが見つかるようになったのもごく最近の話だ。死刑制度が根強く残る中国とここ日本ではまだ見つかっていないが、ヨーロッパでは逮捕者も出ている。

かつてのアメリカ合衆国を中心として、メートル・ゼロ建設への足がかりを作った世界国家機関（WNO）の中でも、建設業界やエネルギープラントとの関わりが深いテキサス派の議員のあいだなどでは、これらの動きに強い不快感が広まりつつある。

かつて、世界平和を唱ったイギリス島出身の歌手、ジョン・レノンは、当時世界の中心都市だったニューヨーク市（現在のリバティー湾、ブロンクス／ネオ・ゴッサム市）で凶弾に倒れた。

モロッコを演奏旅行中だったフィリップはこう言っていた。

「ジョン・レノンのことは知っているよ。でも、彼が平和を唱い出してからの音楽は、はっきり言ってよくわからない。僕は、ただ音楽がやりたいだけなんだ」

（2008年7月号）

24 東京――山の手の内側、森林へV その後、東京にて

世界中で「平和という名の個人の自立」を推し進めることになった一連の音楽ムーブメントも、極東の島国である日本には届くことはなかった。

アメリカ崩壊後、アジアとの冷戦を終えた日本人のメンタリティーは一変した。いや、元に戻った、と言うべきか。

「メートル・ゼロ」第一期建設工事終了後も、大規模な政治運動やデモが起こることもなく、「壁」に囲まれた日本は、自ずと「鎖国」への道を歩むことになる。

難民の国外流出が落ち着いた頃、学校の指導要領が世界標準のそれと全く異なるものに変更された。「国語」「歴史」「農業」の大幅増加と、「英語」の廃止が主たるものだった。

21世紀初頭から始まったバイオ農業による農業団地（空きビルなどを改造し害虫などのいない空間で野菜などを栽培する）の普及は、世界では全く普及しなかったものの、ここ日本においては自給率を上げ、食の安全だけではなく食文化、農地改革などに大きな貢献をもたらすきっかけとなった。

温暖化は、日本の農業に思いもよらぬ恩恵を与えることになった。増え続ける自給率によって不足していた米を「二期作」によって増産することが可能となったのだ。

農薬汚染された中国産食品や、若年層の食の乱れに起因する平均寿命の急激な低下と不妊症の増加などにより見直された「自給率向上」だが、日本人の食卓を大いに変える結果となった。20XX年の調査では、一日あたりの白米消費量が半世紀で三割増え、大豆の輸入禁止で豆腐などが高級品となると同時に、日本古来からの保存食や発酵食などが食卓に並ぶようになった。

結果、癌や結核、うつ病などの減少に加え、なんと世界中で深刻な問題となっていた不妊症が改善されているとの報告がある。

そのころ、かつての東京だったコミュニティーでは、かつての山手線（日本を代表する過密都市を環状で結んだ都市鉄道だった）の内側6500ヘクタールが、すべて森林になった。

10年前までは治安悪化や経済破綻、首都移転による人口減少など、「メートル・ゼロ」建設による様々な負の歴史を背負うことになったかつての都、東京地区は、もはや人口2000人ほどの集落を残すのみとなり、手抜き工事による海水漏れが塩害を引き起こしたのに加え、数年前の震災で崩壊寸前の「メートル・ゼロ」が崩れ落ちた時、山の手の内側の森林は、美しい緑の島々へと姿を変えるのであろう。

（2008年8月号）

25　どうでもええ話その1／銭湯に行く

銭湯に行く。

下足箱の番号はなるたけ3を含む数字にする。ロッカーも。

番台で千円を払い、シャンプーとリンスを購入する。石鹸は、シャンプーで代用するため我慢。

入れ墨の入った人がいるかどうかちらちら確かめたあと、一本煙草を吸いながらスポーツ新聞を読み、ロッカーを確保する。

まず、脱衣所で靴下を脱ぐ。左から。裏返しに脱ぎ捨て、右も同様に脱ぐ。脱ぐとき、少しだけにおいを嗅ぐ。クン、って。

そして、ジーンズのボタンを外し、少し腰を振りながら穿いているパンツごとジーンズをずりおろす。パンツは、嗅がない。ジーンズは、パンツが入った状態で軽くたたむ。

ちんちんをぶらぶらさせながら、Tシャツを脱ぎ、施錠。体重計に乗った後小さいタオルで股間を隠し、風呂場のドアを開ける。
眼鏡が曇るので、何度も掛かり湯を顔面から眼鏡ごと浴びる。上から二番目くらいに重なっているプラスチックの椅子を一番端のシャワーのところへ持っていき、よく洗い、自分の身体はよく洗わずにまず風呂に入る。

熱いので、蛇口をひねり水を大量に入れながら、まず足から入る。口からは「ちちちちちちー」と言葉が漏れる。とりあえず二分間、浴槽の縁に座り、足湯状態を楽しむ。その後、どぼんと一分間くらい肩まで浸かる。「はぁ～」と五秒間溜め息をつく。

慣れてきたら、ジェット噴射のあるマッサージ風呂に全身を預ける。まず腰、そしてふくらはぎ。しかし、手のひらは火照る顔面をぴしゃぴしゃ叩く。

熱くなったので次は頭でも洗おうとするが、気が変わってサウナへ。

サウナの中で、明石家さんまの『恋のから騒ぎ』[※1]がテレビ上映されているが、音声が聞こえないので、会話の内容を想像しながら品定めをする。『プロ野球ニュース』の時間には風呂から上がりたいので時間を逆算する。

サウナを五分で出て、水風呂に飛び込もうとするが汗だくのオッサンに先を越され気持ちが萎え撃沈。結局シャワーの生温い水で皮膚表面を冷却。すぐのち、頭を洗う。シャンプーの袋を歯で噛み切り、そのまま頭上へ。そしてグニャグニャと二分ほど洗い、落ちてきた泡で下半身などを洗う。

シャワーで頭を洗い流し、リンスをしている間に残りのシャンプーで身体を洗うというか、洗っている振りをする。三十五秒でリンスを洗い流す。

再び大きい浴槽に入るが熱いので、二十秒だけ数えてすぐにアップ。上がり湯を浴び、小さいタオルで身体を拭き、深呼吸をしながら脱衣所へ。

脱衣所では、『プロ野球ニュース』がはじまったので、バスタオルを腰巻きにしたまま、番台でトマトジュースを買う。トマトジュースを飲みながら、煙草を吸う。

セリーグの結果を確認してから、靴下、パンツ、Tシャツ、ジーンズの順に着る。マッサージチェアに座るが、小銭は入れない。

礼を言い、下足箱からサンダルを取り出し、煙草に火をつける。

（2008年9月号）

※1　恋のから騒ぎ：1994年から2011年まで放送された日本テレビ系列の恋愛トークバラエティ番組。

26 どうでもええ話その2／エレベーターに乗る

鼻くそをほじる。

得意先の人たちに見送られ、エレベーターのドアが閉まるまで手を振り、お辞儀を繰り返し、満面の作り笑いを維持する。

ドアが閉まり、エレベーターは地上へと下降する。そして、満面の作り笑いをほどき、右手小指を左鼻に深々とぶち込む。

挿入のタイミングはなるべく速やかに、スムーズに行なう。もたもたしていると、爪で粘膜を傷つけてしまったり、鼻腔内の水分を逃がしてしまうことになる。

ずぶりと第一関節を挿入した右手小指を、ぐるんぐるんと左右に二回ほど、首を振るように半回転させる。

明らかな鼻くその手応え（指応え）を感じる。ここからが勝負だ。

迷いなく、確実に行なわなければならない。

鼻孔の内側にある小骨部分に、軽やかに引っ掛けるかのように指を滑らせ鼻くそを圧縮する。そしてそのまま素早くほじり出す。そのスピード感は、バッティングセンターで軽くミートするような感覚で。

東京にいると、やはり鼻腔が汚れることを実感する。鼻毛は伸び、それに付着する大気中のゴミや埃、汚染物質から身を守るために身体から出される抗体の亡骸なんかが、巨大な鼻くそに姿を変えるのである。

引きずり出した鼻くそをチェックするのは、この場合、ほんの一瞬でいい。

公共の場では、都市生活においての「死角」の中で、一瞬で禊を済ます必要がある。無駄な争いはなるべく避けたい。自分の鼻くそのデカさに酔っている暇など、一秒たりともないのだ。

地上に到達するまで、同じエレベーターに何人かが途中で乗ってくる。

俺は先客として、時間を有意義に使わせてもらった。先ほどの鼻くそを、人差し指と親指を使い、丸め始める。

余剰水分は、丸めているうちに何となく飛ぶような気がするので、一瞬の不快感を我慢しつつ高速で鼻くそを丸める。

その鼻くその「核」部分である鼻毛の周囲に付いて干涸びた細長い芋ケンピみたいな物体を、指先で軽くしごきながら、高速で丸め形を整える。水分を含んだレアな鼻くそと混じり、いい塩梅になってくる。

丁度、エレベーターは地上に到達し、ドアが開く。

汚れていない左手の指を使い「開」ボタンを押し、他の乗客を先に降ろす。礼を言われながら、閉まるドアの縁に先ほどの丸めた物体を擦り付けるように解き放ち、歩き出す。

（2008年10月号）

27　作曲家の日記

どこの誰でも作曲なんてできるのである。

むしろ、自分のことが見えてない馬鹿な奴のほうが、ミュージシャンになれる確率が高いのである。「俺には無理でしょ」とか、「アタシ高い声で歌えないから」なんてことを考えてあきらめの境地に入る前に、自分に必死な訳である。今風に言うと、ソングライターなんてKYである。

だからなおさら、ソングライターは打たれ弱いのである。いざKYな自分に気づくことなんぞあれば、はっきり言って完璧に鬱状態に陥るか、周りに攻撃性をまき散らすことでしか、自分の精神バランスを取ることができないのである。だから音楽業界には、マネジメントが存在し、レコード会社がミュージシャンをサポートする訳である。

ソングライターという職業なんて、はっきり言って各種書類の職業欄に書き込めるような類のご立派な職業ではない。よくわからんものを世間に売っている訳だから、なおさら自分で満足のいくものを作って世間の評価を得ることができないと、老い先の人生なんてあったもんじゃないだろう。

閑話休題。

ふらふらと散歩していると、周囲の環境や自分のテンションと関係なく、説明のつかない気分になったりする。

思いや考え方以前のもやもやの中で、雲の切れ間に差す光のように、サウンドの輪郭を呼び起こす。そして導かれるままに周囲の景色は和音となり、脈打つ鼓動はグルーヴし、空を見上げればメロディーが地上に流れ込む。渦を巻いたそれははじめて自分の気持ちにアタッチし、言霊を生み出し受精するのだ。

これは、超自然の体現とも言える出来事であるし、またただの自堕落な妄想のひとつとも言える訳だ。いずれにせよ生を与えられたそれは、そのままではすぐに息絶えてしまうのだろう。

生を与えるべく、本能の赴くままに、そしてこれっぽっちしかない脳みそや小さな身体を使って、外に送り出そうと思う。受精の瞬間を終えたそれは、すぐさま自分の中の毒物や有害物質とはちあわせることになる。抗体を作り出すのか、それとも除菌消毒するのか、それは本人次第だろう。いずれにせよ、ここには努力と機転のきかせ方、体力が必要だ。

やっとの思いで生み出したそれは、すぐに社会の荒波に揉まれることになる。まずは親として子を愛せるかどうか、そして、バンドのメンバーやスタッフたちと愛を育むことができるのか、ここではあらゆる意味で親の人間力が試される訳だ。あるいは、親の手ひとつで育てねばならない場合もある。その時はよりいっそう、手塩にかけて愛しながらしっかり栄養を与えながら教育を施さなくてはならない。

こうやって、やがて親の手を離れ独り立ちするその時には、自信を持って送り出さねばならない。たくましく育ったそれは、もう自分のものではなくなるのである。どこぞの誰ともわからん奴らの前に放り出され、時には戯れ、時には傷つき、時には他の誰かを幸せにしたりするのだ。

親は言う。他の誰かを幸せにするために腹を痛めてお前を産んだんじゃない、と。

社会に出て行ったそれは言う。僕は誰かを幸せにしたんだ。さよなら、と。

（2008年11月号）

28　ゲリラになりたい

たくさんのオンガク専門用語が飛び交う音楽誌、そしてそれを巧みに使いながら会話をする評論家とミュージシャンたち。果たしてどれほど、そのそれぞれの言葉に対して正しい見識と理解を持って話しているかというと、はっきり言ってなかなか渋い内容だったりすることがある。

「エレクトロ」や「サイケデリア」などの言葉が正しく使われているのかどうか、僕にはわからない。ただし、僕もウィキペディアかなんかで調べないと、曖昧な説明しかできないだろう。

誤解なきように補足しておくと、これは音楽誌批判でも、ミュージシャンに対する当てつけでもなんでもない。

「二拍三連」や「トリオ形式」、「対位法」、「フェルマータ」などの演奏に関する記述や専門用語の誤植は許されるべきではないのかも知れない。それは、演奏家たちの中の思い違いがおもいっきり演奏のちぐはぐさになって表れるからだ。料理人が、ワサビと辛子を間違えて入れてしまうようなことが起こるからだ。

「エレクトロ」や「サイケデリア」など、定義が曖昧で、かつ過剰にファッショナブルな用語の乱用に対して、個人的にもともと否定的だったのだが、最近考え方が変わってきた。かっこいいかかっこわるいかは別として、このような用語の乱用は、もしかしたらかなりクリエイティブで夢があるものになり得るのかもしれない、とまで思うようになってきた。

昔から僕は、「ゲリラ」、「へそくり」というそれぞれの単語の持つ響きに心酔していた。現在では、それぞれの言葉の持つ意味を理解してしまったので、言葉の響きからくるイメージよりもそれぞれの具体的な意味を追求してしまっている。夢破れてしまったのだ。無知は、クリエイティビティを生んでいたのだ。

「ゲリラ」に関しては、ジャングルやサバンナで狩りをする、迷彩服を着用した肉食性の人のことだと思っていた。僕はその昔、ゲリラになりたかった。

「へそくり」に関してはまったくの勘違い、思い違いの境地であった。琵琶法師や、あるいは人をだます悪い僧侶が、不思議な術を使って人のへそをひっくり返すことだと思っていた。

思い出せばきりがない。この職業に就く以前の話だが「インディーズ」という名前のバンドが存在すると思っていた。彼らがどこの国のバンドなのかまでは考えが及ばなかったが、たくさんのヒット曲を持つ、何となく目立たない人たちだと思っていた。

人は馬鹿である。ていうか、僕が馬鹿なだけかも知れない。ただし、自分ではこの感覚は嫌いではない。むしろ、とてもクリエイティブだと思う。子供じみた妄想力は、いつまでも失いたくないものだ。

個人的には「エレクトロ」や「サイケデリア」などの手垢が付いた言葉を超える、夢いっぱいの勘違いワードをどんどん生み出したいと願ってやまない。

（2008年12月号）

29 無人島レコード

携帯に着信があった。

もう、何日も何日も着信のなかった携帯に、着信があったのだ。

恐る恐る、液晶画面を覗く。マナーモードとはいえ、その振動音の大きさに心臓が止まりそうになりながら、電話に出ようかどうか迷う。その数秒間が、とてつもなく長い時間に感じたのは言うまでもない。

見慣れない番号通知に恐れを抱きながら、これを逃すともうあとがないと自分に言い聞かせる。通話ボタンを押した。

「…………………………もしもし?」

「………#%∪:?" {?}」<……………………うぶか!!??」

「…もしもし?‥?‥」

「……@$P_:!!……なのに……!@#T:<>:P{……}」

電波は途切れてしまった。僕は携帯電話を叩き割って砂の上に投げ捨てた。

そう。ここは何もない砂漠。不幸中の幸いか、運良く見つけた水場には、幾つかの果実がたわわに実を付けており、それで飢えをしのぐことができるのだが、果たしていつまでこの状態でいられるのか予想もつかない。果実がずっと実を付けているなんてことは有り得ないわけだし、もしかすると突然冬がやってくることだって有り得るわけだ。逆に、突然の日照りで、水場が涸れてしまうなんてことも有り得ないわけではない。このままではいけない。

どうだろう。

このままなら、それはそれでいいのかも知れない。

幸いにも、僕は携帯発電機と、ＣＤプレイヤーと、無人島に持っていくならこの一枚と決めていた一枚のＣＤを持っていたのだった。

ここは無人島ではないが、誰もいない、何もない、動けない、水と果物ならある、寒くも暑くもない。この砂漠、東京砂漠とそれほど変わらないじゃないか。悪くない。

僕は、来る日も来る日も心のどこかで助けを待ちながら、そのＣＤを擦り切れるほど毎日聴いた。何度聴いても新しい発見があり、時には笑い、時には涙を流しながら聴き、時には聴きながら心地よく眠った。

もう何年経っただろうか。助けは来ず、誰と会うこともなく、何が起こるわけでもなく、水も果実も涸れることもなく、僕はこの一枚のＣＤを聴きながら毎日を過ごした。

ある日、携帯発電機が壊れた。

僕は途方には暮れなかった。もうこのＣＤを隅から隅まで聴き込んだので、すべてを知っているからだ。僕の中にはもうこのＣＤに収められているものがすべてあるのだ。

（２００９年1月号）

30　タマゴ

友人から貰ったタマゴは、もちろん食用のモノではない。つまり、鶏卵やうずら玉子ではないということだ。直径2、3センチほどの小さなタマゴとはあまりにも不釣り合いなほど大きいケージには、ただ土が敷かれ、それを雑草が覆い、植木鉢を半分に割ったようなものが入っている。熱帯と同じ温度条件にするために、ケージ内はハロゲンランプで煌煌と照らされる。

11月3日　雨

ケージの上部は金網で覆われてはいるものの、おがくずが交ざったような湿った臭いと、ハロゲンランプのチーッというかすかなノイズが不気味さをかき立てる。

11月7日　曇り

タマゴの存在は確認できるのだが、果たしてほんとうに生まれるのだろうか。あるいは、ほんとうに孵化させてしまっても、大丈夫なのだろうか。

11月12日　晴

幼生の餌やりについて、これを譲ってくれた友人に詳しく聞こうと思ったのだが、音信不通になった。先日、亡くなっていたとのことだった。ますます、これを育てなければならないことに。タマゴはぴくりとも動かない。

11月18日　晴

　タマゴに触れてみたくなるが、万が一の危険を考慮し、思いとどまる。ケージの中の草木はうっそうと茂り、小さなジャングルとでも言うべき雰囲気を醸し出す。部屋を一歩出れば外は木枯らしが吹き、木々の葉が色づいていた。

11月19日　曇り

　タマゴの位置が移動している！　もうすぐなのか。金網の隙間からトレイに水を差しておく。

11月20日　雨

　何かの勘違いだったのか、タマゴはぴくりとも動かない。外が寒くなってきたのでランプの温度設定を2度ほど上げる。

11月21日　雨

　変化なし。水やりの量と回数を増やす。

11月24日　晴

　ここまで変化なし。育ちつつあるプランテーションには羽虫などの小型昆虫が湧きつつある。産まれるのかどうかも分からない「彼」は昆虫なんて食わないだろう。念のために、近所のペット・ショップで冷凍マウスと、それを裁断する器具を購入する。

11月28日　雨

タマゴの形が少し変わったような気がするが、気のせいかも。期待をしすぎないようにしないと。不安だらけだ。産まれたらどうしよう。仕事が忙しくなってきた。

12月7日　曇り

夜中2時半。タマゴに突起のようなものを発見！　それが少し動きながら、粘液が糸を引いて白い殻をつたうのがわかる。ついに誕生の瞬間を迎えるのだ。白い殻は、突起によって割られるというよりは、ゆっくりと引き裂かれていくといった風に見える。ゆっくりとゆっくりと、タマゴはぐんにゃりと形を変えながら引き裂かれていく。ただし、その速度は驚くほどゆっくりだ。

12月8日　晴

あまりの興奮で眠れなかった。タマゴはまだ原形を少し崩したといった感じであるが、ついに頭部をあらわにした。そこからは早い。ものの10分で、全長20センチもあるだろうか、鉛筆ほどの細長い身体すべてが空気に触れた。粘液はほどなく乾き、ライトを浴びた鱗は滑らかに黒みを帯びながら輝いている。こんなにもすぐに動くものか。半分割れた植木鉢の下へ移動してしまい、ほとんどその姿を見ることができない。

12月9日　曇り

餌をやろうと思うが、どうしても冷凍マウスを電子レンジで温めた上で裁断器具で潰す、というのに抵抗がある。大きく育てばマウス1匹やっても大丈夫だろうが、さすがにこの小ささでは無理だろう。

12月10日　雨

再びペット・ショップで、ハツカネズミの子供（体長およそ6センチ）を購入し、生き餌として与えてみた。「彼女（メスだった）」は、すでに恐ろしい武器を持っていた。口元にあるピット器官（赤外線感知器官）でハツカネズミの体温を感じた彼女は、凄まじい速度で小さな牙を続けざまに数回打ち込んだ。ハツカネズミは痙攣しながらのたうち回り、5分後には動かなくなった。彼女は舌をぺろぺろ出して「最初の獲物」を入念にチェックしてから、ゆっくりと呑み始めた。そのおぞましさたるや、ここに書けるものではない。

（2009年2月号）

31　最近のキシダ

12月某日
ライブに向けてのリハーサルと忘年会的なもの（大概が打ち合わせ的なものを兼ねているのだ……）、打ち合わせが混在し、慌ただしい。師走の慌ただしさは、性に合っている。焼酎がススム君です。

12月某日
某音楽専門誌主催のロック・フェスティバルに出演。ライブでは新曲をたくさんやった。楽屋エリアのケータリングには寿司屋が出ていたので、トロとウニを2カンずついただいた。

12月某日
そのフェスティバルの別会場にも出演。曲順などは大体同じだが、こなれてきたのか演奏はこの日のほうが地に足がついていたような気がする。

1月某日
レコーディング・スタジオの見学。オールド・ニーヴ[※1]の卓《コンソール》に惚れ惚れしながら、最近ニーヴ減ったなぁとノスタルジックな気分。ニーヴが好きやー。

1月某日
某所で新曲のミュージック・ビデオの撮影。俺が監督。とは言っても、美味しく中華料理をいただくだけの仕事内容だった。

1月某日
皆で鍋をツツキながら、『ラバー・ソウル』[※2]や『アフターマス』[※3]、『オデッセイ・アンド・オラクル』[※4]、『バンドワゴネスク』[※5]、『暴動』[※6]、『魔法使いは真実のスター』[※7]、『メロウ・ゴールド』[※8]、『リメイン・イン・ライト』[※9]などロックの名盤を聴き、語り合う。

1月某日
某所にて、新曲の練習やアレンジをこれでもかこれでもかこれでもかとこねくり回す。ここまで音楽と真っ正面から向き合ったことはなかったので正直、なんかとことん頑張りたい。今は真面目にただただ向き合うのみ。

1月某日
引き続き某所にて、新曲の練習やアレンジや、つまりプリプロ（Pre-production）。

1月某日

鼻に違和感。続いて喉に違和感。熱っぽい。まぁこれは風邪でしょう。それでもプリプロ、プリプロ、プリプロ……。

1月某日
痰がお洒落な草色になってきた。吐き気も少々……。それでもプリプロは続く。

1月某日
プリプロをしながらも、音楽について、社会について、ものの考え方について、馬鹿な奴について、伝説的ロックバンドについて、しょーもないJ-POPについて、真剣に語り合う。

1月某日
新曲が2曲ぶん、アイデアが出てきたのでヘッド・アレンジを行う。1曲は今風、もう1曲は昔風だ。

1月某日
先日の新曲だが、昔風の曲のほうが今っぽい気がしてきている。そしてもう1曲アイデアが出てきた。これはさらに昔風だった。

（2009年3月号）

※1　オールド・ニーヴ：NEVE社のコンソールのうち、創業者であるルパート・ニーヴが在籍している時期に作られたもの。高額で取引されている。
※2　『ラバー・ソウル』：ビートルズが1965年に発表した6枚目のアルバム。
※3　『アフターマス』：ローリング・ストーンズが1966年に発表した（イギリスでは4枚目、アメリカでは6枚目の）アルバム。
※4　『オデッセイ・アンド・オラクル』：ゾンビーズが1968年に発表したセカンドアルバム。
※5　『バンドワゴネスク』：ティーンエイジ・ファンクラブが1991年に発表したセカンドアルバム。
※6　『暴動』：スライ&ザ・ファミリー・ストーンが1971年に発表した5枚目のアルバム。
※7　『魔法使いは真実のスター』：トッド・ラングレンが1973年に発表した4枚目のアルバム。
※8　『メロウ・ゴールド』：ベックが1994年に発表したファーストアルバム。
※9　『リメイン・イン・ライト』：トーキング・ヘッズが1980年に発表した4枚目のアルバム。

32　はっぴい

世の中には解決の糸口が見えないような難しい問題がいっぱいで、そんなニュースを見て考えていられる余裕もないくらい、僕らの周りにも難しい問題が山積みだ。

あ、勝手に「僕らの」なんて言葉を安直に使ってしまったけど、そんなことないよって人には申し訳ない。濡れ衣でした。

みんなが幸せな世の中があればいいと思うけど、そこに至っては100%なんてことは不可能なんだろうか。何十年も何百年もあとに、そんな世の中がやってくるのだろうか。

幸せであるという実感と、幸せな振りをしていることに気づかずに実感している幸せと、明らかな不幸と、幸せをつかみ損ねていることからくる不幸などが、世の中には入り交じっている。

究極の生命体と呼ばれているクマムシなる生物をご存じだろうか。熱や圧力、放射線などのダメージを受けても死ぬことはないのだそうだ。でも、その寿命は驚くほど短いのだそう。

小学校の音楽室に、モーツァルトやベートーヴェンなどの著名な作曲家の肖像画と、それぞれの作曲家についてのわかりやすい解説文と、存命していた年月が記してあった。メンデルスゾーン[※1]という作曲家の解説を見てみると、「幸福な音楽家だった」と記してあった。ただ、たった三十数年で亡くなっている。

子供心に、どこが幸福なのか、理解に苦しんだ記憶がある。

大人になった僕らは、幸せについてだらしなく考えるようになったのかも知れない。幸せは、お金で買えたり、価値観や想像力、信仰や崇拝によってもたらされるものだと思っていたりもする。

いちばん幸せな瞬間はどんな瞬間、と訊かれたら、なんと答えようか。

ほかの生物が決して持つことのない、不安というものと常に戦わなくてはならないなら、幸せなんてやってこないのではないだろうか。いくら愛する人と抱擁しようとも、宝くじで1億円当たっても、芸術で何万人もの人の心を打っても、貧困に苦しむ人たちを救ったとしても、決して不安は消え去らない。だから、何も考えることなく暮らしたい。

贅沢は言わない。人並みの幸せが欲しい。

もしも、人並みの幸せを得ること自体が贅沢ならば、それが原因で不幸になってしまうひとも沢山いるのかも知れない。自家用車を買って、家族でドライブしている幸せのツケで、石油を巡り戦争が起こりたくさんのひとが死んでいる。

何も考えたくない。僕らは幸せになれないんだ。考えれば考えるほど、幸せになれないんだ。

流れ星に願いをかけ、幸せを祈る。いったいその星は、どれくらいの長い間、僕らの祈りを待っていたのだろうか。いくつもの永遠の愛や、いくつもの積み重なった悲しみや、輪廻のように繰り返される諸行無常を背負って、生まれてそして消えて行ったのだろうか。

幸せは、ご褒美のようなものならば、それでいい。

強く生きればいい。

（2009年4月号）

※1　メンデルスゾーン：ヤーコプ・ルートヴィヒ・フェーリクス・メンデルスゾーン・バルトルディ。ドイツロマン派の作曲家、指揮者、ピアニスト、オルガニスト。

33 おっさんVS大人

シンプルなのがいいなぁ。

正論VS正論。そこに格差や、憎悪や、誤解が入り込むと空気をどんどん濁していくだけやからなぁ。

ノムさん[※1]、城島[※2]、どっちも好きなんやけど。

ロッキング・オン、と言うよりも、ロッキング・オン・ジャパン、のいいところ。こんなところで書くなやって話やけど。「サイキンの若いやつは」的発想が、一切ないこと。おっさんが作ってんのに（おにいさん、おねえさんがた、失礼）。

俺、自称ミュージシャン、32歳（もうすぐ33歳）。

既におっさんである。ていうか、おっさんの自覚がある。

サイキンの若いやつは、ということを、ほんまによく感じることが増えたここ5年ほどであった。

かっこわるいから言いたくないけど、心から思うんやもん。

仕方のないことかも知れへんけど、ずっとそう思ってた。今も、思うかも知れない。

最近、考え方が変わった。

何度も言うが、正論VS正論。そこに格差や、憎悪や、誤解が入り込むと空気をどんどん濁していくだけやからなぁ。

だから、戦争とか起こるんちゃうかなぁ。

大人は、戦争を起こさないほうがえぇんちゃうかなぁと、ちょっと思ってみる。そうしないと、若いやつらが真似をするかも知れない。

大人は、逃げてはいけない。若いやつが逃げ出そうとも、決して逃げてはならない。何故なら、若いやつらが真似をするかも知れない。

大人って大変やー。

大人のロック、って、凄いね。そう考えると。

ちなみに、俺、自称ミュージシャン、32歳（もうすぐ33歳）は、早く大人になりたいです。

（2009年5月号）

※1　ノムさん：野村克也。元プロ野球選手・コーチ・監督、解説者・評論家。

※2　城島：城島健司。元プロ野球選手。WBCキューバ戦の後、自分のリードを批判した野村克也元監督を「おじさん」と呼ぶなど、二人は長らく犬猿の仲として知られている。

34　ある青年の魂のゆくえ

ギターを弾いていた。

僕はそのギターを使って、音を探した。

そのギターは別に、レコードやテレビや書物から得るような高貴なイメージの音を出すわけではない、ただの安ギターだった。

その安ギターを使って、ふたつの重なる音を弾いてみた。

ふたつの重なる音は別のイメージを産み、また別の音を探した。

探し当てた別の音は、さっき弾いたふたつの音のうちのひとつを欲した。

世界が開けた。そして、また新しい音が欲しくなった。

自ずと次の音は、さっき置いてけぼりにしていた音を欲しがった。

遊び疲れた音たちは、まるで夕方お家に帰ってゆく子供のように、最初のふたつの音に戻っていった。

道ばたには楽しそうな学生達がたむろし、幸せそうな家族は商店街で晩ご飯のおかずを探している。
僕も、彼ら彼女らに交じって、惣菜やレンタルビデオを眺めてみる。

夕陽はとても近いところにあった。僕がこんなにちっぽけな知恵を使って生きていたり、何ものかによって定められた運命のようなものに振り回されたりするずっとずっと前から、夕陽はいつも父のように、来る日も来る日も、大きくやさしく構えて人々を見送ってきたのだ。僕は、ねぎらいと感傷くらいでしか、夕陽と向き合うことができなかった。

夕陽は、朝陽になって必ず戻ってくる。

でも、雲や雨だけじゃなく、さっきのねぎらいと感傷が、僕の邪魔をする。

朝が来ても、朝陽は姿を見せてくれない。その存在そのものに疑念を抱き、明日を疑い、過去を呪う。
そして、雲に覆われた暗い夕方は、夕陽の存在すら消し去ってしまっているかのようだ。

夜は長い。

新月から三日経っていた。

三日月は、僕が切り忘れていた親指の爪ほどの大きさで、暗闇をかすかに照らしていた。

その光が、世界のどこかで、人々を照らしている太陽の光を受け取った、小さなかけらなのだ。

どうかこの小さな光を、やさしさに変えてゆきたい。

どうかどうか、やさしさに変えて届けたい。


（2009年8月号）

35 御手洗いはどこですか

お便所お便所お便所お便所!!!

お便所って響き、だんだん使いづらい年齢になってきたような気がする。

飲食店で、「すんません、お便所どこですか?」と訊くのがはばかられる。子供の頃からずっと、トイレは「お便所」やったもんで、「御手洗いお借りしていいですか?」とか言うてはみるものの、「御手洗い」と呼ぶに相応しいラグジュアリー・スペースでなければ、実際の「お便所っぷり」に失望してしまうこと請け合いちゃいますか?

そう言うたら、一回吉祥寺の狭い居酒屋のお便所で用を足していると、入ってきたドア(もちろん施錠済み)と全く違うところになんともうひとつドアがあり、そこからオネエサンが急に入ってきて「キャッ!」って言われたことがある。こっちが「キャッ!」ですよほんまに。

ハイタンク、ってご存じですか?

[※1]ジオン軍のモビルスーツではありません。高所設置用の、水洗便器用タンクのことです。公園の便

所とかにあるやつやん。

あれ最近見いひんけど、都内の某レコーディング・スタジオのお便所に付いてるわけですよ。レバーやなくて、ヒモを引っ張ってジャーッて流すわけですよ。そこまではまだわかるんや。そっからが肝心や。

ハイタンク、っちゅうだけあって、高いとこから水を流すわけやから水圧が凄いんですわ。つまり、異常に勢いよく流れるんですわ。そんなこととはつゆ知らず、排便時のサウンドが気になったので、ついつい音姫がわりに、便器に腰掛けたまんまヒモを引っ張って水を流したわけです。

ウォシュレットとは、あのことを言うんかも知れません。ピンポイントではなく、尻中を、丸洗いしてくれました。ピーしてくれんねん。

百貨店のお便所は、「御手洗い」というに相応しいラグジュアリーさを兼ね備えている。

あまりに綺麗やったり、快適やったりするから、トイレの中で何でもする奴らが後を絶たないとか……。化粧や、携帯メール程度ならわかる。だがPC持ち込んで仕事したり、地下の食料品売り場で買ったお惣菜を食べたりするのは違うと思う。

銀座にある某百貨店は、初夏でも冷房がガンガン効いている。ちょっと腹が冷えたので、7階の男性用御手洗いで用を足していた。すると、ハァハァと荒い呼吸音とともに、隣のトイレに駆け込んできた輩が必死にベルトを外したりしている音がする。内心苦笑しながら、ガンバレーもうゴールは近いよー、って思ってた。

便器の蓋を開ける音とともに、隣のトイレから最高に湿っぽい爆発的な排便音がしたあと、彼の荒い息が、ハァハァ言うてる。ただ、さっきの深刻なそれとは遠い、地球を救ったかのような安堵感に包まれたんちゃうかな。そして次の瞬間、彼はおそらく携帯電話で恋人と話し始めたのだ。残りグソをちびちび排出しながら、愛の台詞を囁いとんねん。どないしよかな思ったわ。

そう言えば、うんこ漏れそうで仕方ない時に、両手を合わせて「南無南無南無南無南無……」と唱えると、少しばかり爆発を我慢できると、学生時代の旧友が言うてた。試したけど、ほんまやったわー。

（２００９年9月号）

※1　ジオン軍：ジオン公国軍。宇宙世紀を舞台とする『ガンダムシリーズ』に登場する架空の国家軍。

36　リアリズモ

まるでつげ義春[※1]の漫画にでも出てきそうな、山あいのひなびた温泉宿での話。

ここでは登山客や若者の集団だけではなく、湯治のために長く滞在している病人や、おそらく物書きか、或いはそれを志しているかと思われる、まるで文豪のようないでたちの青年などが、一日二回、飯時だけ、囲炉裏のある大部屋に集まる。

天気を気にしながら明日の登山の話をしている横の老夫婦は、冷えた唐揚げには手を付けず、ビールで顔を赤らめながら、やはり天気の話ばかりしている。およそこのような宿には似つかわしくない若者の集団は、高い天井と、この異様に広い、数十畳あろうかという囲炉裏のある部屋や、少し不気味なほど手入れされた調度品に全く溶け込むことなく、知らぬもの同士のよく分からない雰囲気に溶けていくのが不思議であった。

あまりにも古い宿泊棟にある小部屋は、少し傾いており、周りの部屋の音が少し気にかかるので、テレビをつけた。テレビは薄型液晶テレビで、有名タレントの肌の状態までくっきりわかる程のものであった。ただ、この傾いた部屋には似つかわしくなかった。

用を足しに、便所へ行くと、途中の部屋では件《くだん》の文豪風の青年が、何やら物思いに耽っているようだった。

宿の外にある川べりの露天風呂はまっ暗闇だが、明かりには大きな蜘蛛がじっと動かずにいる。餌がかかるのを待っているのだろうか、それとも死んでいるのだろうか。雨は強くなり、先ほどの老夫婦が明日の山行に耐え得るのか、ということを一瞬考えながら、ゆっくり風呂につかる。

文豪風の青年は、帳場横にある八畳ほどの休憩室で読書をしている。何を読んでいるのか、まったく気にもかけずに本棚を漁る。殆どが漫画と絵本。漫画も、『まんが日本の歴史』や『三国志』といった偏ったチョイスであり、絵本も『マリー・アントワネット』など、頭のねじが取れてしまいそうな絵柄と、大きすぎる明朝体のひらがなが不謹慎さを助長させるようなものばかりだった。

もう二十年以上前にヒットした漫画の、中国語版を見つけたので、中身を覗いてみると、「ドッカーン」「ゴロゴロ」という派手に大きく書かれていたはずの擬音デザイン文字が、バランス悪くすべて漢字になっており、「爆発」とか、「転転」と、意味が分かるだけに歯痒さが残ると同時に、アメコミってもんは、意外とよくできているものだなぁ、と、一瞬思うがすぐに頭の中で撤回する。

夜の帳のなか、露天風呂の湯気がどこまでも吸い込まれてゆく。むなしさや歯痒さや、つらい気持ちも全部全部湯気になって消えてゆく。「自由」や「夢」とはまた違う、次なる希望が、少し湯気の間から見えやしないかな。

夏の記憶さえ近いところにあるというのに、雨粒が冷たい。あたたかいのがいい。冷たいより、あたたかいのがいい。変な湯は、来る日も来る日も、冷えてしまった客人たちの心をあたため直してきたのだろう。

心があたたまりますように。

（2009年11月号）

※1　つげ義春：漫画家・随筆家。『ガロ』を舞台に活躍した寡作な作家。代表作に『ねじ式』『ゲンセンカン主人』など。

第2章

気持ちと未来

37　鉄ヲタの嘆き

ライブ・ツアーが始まったばかり。私は某バンドのヴォーカルとギターを担当している。今日は札幌からＪＲ特急「スーパー北斗」[※1]に乗り込み、一路函館へと向かう。「スーパー北斗」は、首都圏では聞き慣れないディーゼル・エンジン音を唸らせて、非電化区間を突っ走る。

「鉄ヲタ」が、市民権を獲得して久しい。ＴＶ番組ではヲタ共がここぞとばかりに持てる知識をぶちまけ、「鉄分少なめ」ヲタもブームに乗っかり、本来この世界に存在することすら確認されていなかった「鉄子」が登場し、「鉄ドル」なんてのも頭角を現した。

「鉄ヲタ」の殆どが、自分のその趣味嗜好に強いコンプレックスを抱きながらもその世界から逃れることができずに、青春時代を苦悶しながら過ごしていたことだろう。

マイノリティーは、マイノリティーではなかったことがこの情報化社会のまっ只中で発覚した。トランプの「大富豪」で言うところの「革命」が起こったわけだ。

私はと言えば、いまいち面白くないわけだ。鉄道趣味はどんどん市民権を得ているにもかかわらず、時代の流れとともに鉄道の存在そのものに興味を抱けなくなってくるのである。銀ピカのステンレス車体の車両に乗り込むと、ＦＲＰ（強化プラスチック）製の内装と、液晶画面から流れる黒烏龍茶のＣＭ……。自動放送に、タッチ式ＩＣカード、全面禁煙、減便、路線廃止……。

懐古趣味と言われればそれまでなんやろけど。

昭和30年代初頭に、全国的に頭角を現した「新性能電車」が好き。

彼らの殆どは、過去帳入りしてしまったのだが、高度成長期を知らない僕でも、これらの電車から力強く独創的な未来への希望と、短距離走者であった通勤型電車からも、説明のつかない価値を感じることができた。

車両がまるっこい。あらゆる装置がまるっこい。走行音もまるっこい。まるっこくて、かっこいい。

戦前製車両↓アンティークで武骨

戦後の新性能車↓つるっとしてまるっこい

量産型の新性能車→男性的な押しの強さ

バブル期の車両→豪華だがメイクが濃い

ここ十年の車両→シンプルだが使い捨て感満載

私自身の美意識が、つるっとしてまるっこいものを選ぶわけだが、ここ十年の車両たちも、まるっこくはないもののつるっとしているのである。しかし、まったくもって美しさを感じないのである。

ステンレスの外板は塗装の必要がなく、地肌むき出しなので、塗装ではなく帯状のシールでカラーリングする。この光沢が安っぽい。悪くいえば、古くなった魚のような見た目である。

蛍光灯にはカバーがなく、むき出しのため不必要に車内が明るすぎる。また、天井の造作が乱れ、ごちゃごちゃした印象を受ける。

行き先や種別を表示するLEDの照度が低く、ローマ字表記ところころ入れ替わるため、何のどこ行きか一目で判断しにくい。

ダメ出しが過ぎるようだが、私は最近の鉄道車両があまり好きではない。電車に似せて子供のおもちゃを作るはずが、子供のおもちゃみたいな電車ばかりになってきているのだ。

ああ、嘆かわしい……。

（2009年12月号）

※1　スーパー北斗：JR北海道が函館駅〜札幌駅間を函館本線・室蘭本線・千歳線経由で運行する特別急行列車。

38　最近思っていることとやってることについて。

社会で起こっているいろいろなニュースを見て、いろいろ思うことがある。円高やデフレなど、日本の経済問題や、CO2排出削減を抑えるべく次々と編み出される様々な対策やテクノロジーのことなんかや……。

ゴシップに近いような芸能人をめぐるアホなニュースはさておき、個人的に身の回りで起こっていること、つまり身近に感じる音楽業界の問題についても、先述した問題と同列に、いろいろなことを思う。つまり、「激刊!山崎」[※1]で最近書かれているようなことに対しても、ミュージシャン（アーティスト?）がこんなこと考えんのどうなんやろ?と思ったりしながら、死活問題なので一応考えてみる。

ここまで読んでくださった皆さんは、僕のことを頭がいいとか、社会派やとか、あるいはまたこいつ偉そうな物言いしたはるわとか、思うことでしょう。やんわり否定すると、謙遜もまじえず正直に言うならば、僕はただのアホです。そんなこといっぱい考えても、全然答えが出てこないばかりか、前進すらできないほど無知で無気力な人間なのです。あるいはどうでもいいと思ってしまうくらいのずぼらさも兼ね備えているわけです。

ミュージシャン生活をしていると、出会ったミュージシャンや、宣伝コメントが欲しいよそのレコード会社の人から、たくさんサンプル盤ってやつをいただきます。
最初は、やったータダでCDが貰えるー、やったー、てな感じで全部聴きましたが、ある時期から聴くのがおっくうになり、今では殆ど聴かなくなりました。そこで山積みになったサンプルCDが、ゴミの山になってしまうので、CDシュレッダーというものでCDを裁断したことがありました。
でも、そのときの「がぎぎぎぎー」という音や振動のまがまがしさと、自分が苦労して初めてCDを作り上げたときの遠い記憶なんかを思い出すと、ほんとうにひどい気持ちになって、途中でやめて、もうサンプルCDをこのずぼらな俺に渡すのはやめてくれ、と思いました。

僕はお金が有り余るほどあるわけではありませんが、頑張って好きなことを仕事にして、ずっと休まずにやってきたので、貧乏だった時代になけなしのお金で買ったCDを、何度も何度も聴いた頃の感覚は、今は失われたままです。もしもう一度貧乏になったり、ほんとうに人が作った作品を渇望するようなことがあれば、戻ってくる感覚なのかもしれませんが、おそらく当時とはまた違ったものになるのでしょう。まぁ、そこに悲観しているわけではありませんが、自分がCDを作らせてもらっている立場なので、聴き手の人がどういう思いでCDを聴いてくれているのか、もっと知らねばならないなぁ、と思ったりします。

昔ライブをやって、アンケート用紙を王将とか白木屋とかでメシ食いながら、メンバー全員でやいやい言いながら見てました。いろんな意見が、ちょっとしたあたたかさとともにあったりして、嫌いじゃなかったです。名前書く欄も、匿名の人少なかったし。きしだくん好きです結婚してください、とか本気で書いてる人も嫌がらせしてくる人もいなかったし。

おっと弱音と愚痴の巣窟になってしもたわ。こりゃいかん。

そうそう、大学のサークルの同期で、何年か前にメジャー・デビューもしたバンドのフロントマンやった奴で、うちの佐藤とも大学の時にバンド組んどった奴が、レコーディング・スタジオを始めよったんですわ。

ちょっとそこひとりで行って、まだなんもないスタジオで、借金スタートで、みたいなとこやったけど、俺ベースもドラムもギターも全部ひとりで演奏して、そいつに録音してもらって、デモを作ったりしました。なんか、すごく新鮮でした。なんか、頑張ろうよ!って気持ちになったりして、俺はいったい何者なんや、って気分で、この原稿をぎりぎりで書いておるわけです。

(2010年1・2月号)

※1 「激刊! 山崎」:『ROCKIN'ON JAPAN』に連載中の、同誌総編集長・山崎洋一郎によるコラム。

39　最近思っていることややってることについて。(新年版)

年が明けて、なんか太陽の輝きが違うような気がする。俺が変わったんかな〜(気の持ちようとか?)とか思ってたけど、多分太陽が変わったと思う。ええかげんなこと言われへんけど。

初日の出も、この日本列島のいろんなモノを照らす太陽の光が、なんか違う気がする。今日（この原稿を書いているのは1月14日）の京都市内はこの冬いちばんの冷え込みやったけど、夕陽に照らされた東山がびっくりするほどまぶしかった。山がまぶしいんやで!?　夕陽やなくて。

あんまし寒いから、ぜんざいをすすりに茶店に入って、窓辺に真っ赤なナンテンが実っているのを見つけた。茶店の女将に、「ナンテンがえらい綺麗やね」と話しかけたら、「いっつもナンテンの実は雀にすぐ持っていかれるのに、今年はそこら中でナンテンが真っ赤に実ってるんよ。雀、なんか他に美味しいもん見つけたんやろか」と女将。

外に出て、哲学の道を凍えながら歩くと、真っ赤なナンテンがそこらじゅうにびっしり。太陽に照らされる赤は、凄まじくパワフル。でも、これで当然やん、みたいな普遍性がある。

太陽の力に誘われたのか、何なのかは判らないが、ロック・ミュージシャンにあるまじき早寝早起き生活を始めてみた。すると、感覚がとてつもなくオリジナルである。

明日からふたたびスタジオワークである。

先月デモを作ったスタジオで、曲作りや録音やなんやを始めた。このスタジオはなかなかいけてる。立地、交通の便、居心地ともによく、スタジオ代も大変リーズナブルである。

冷蔵庫があり、ビールもきんきんに冷えているのだが、1月の京都は底冷えする。地下スタジオはギンギンに冷えているので、あたたかいお茶やコーヒーが欲しくなる。保温ポットがなかったので、ビックカメラで保温ポットを購入し、寄贈。これでコーヒーも飲める。

地下のスタジオにずっといると、せっかく感じていた太陽の存在を忘れてしまうので、よく外に出てお茶しにいったり、ラーメンをすすりにいく。ラーメンは、麺やわらかめストレート、九条ネギ、鶏ガラ醤油味塩辛い目が京都の基本スタイルである。

買い物嫌いの俺は（店員が話しかけてくるのがほんまに嫌……）、新しいジーンズと、靴を購入した。2年ぶりくらいにズボンを買うた。新鮮。

（2010年3月号）

40 シュラスコ、そして若くガッツ溢れるギター

こないだ初めて、シュラスコというものを食べに行った。

店に入るやいなや、ケツぷりぷりみっちみちのおねえさん方がサンバに合わせて踊っている。サンバのリズムって腰にくるっていうより、ケツにくるもんやねんなぁと納得。でもあのケツ振りは運動神経がよすぎるなぁ。

シュラスコ食べ放題コースというモノを注文。

バイキングで取り放題のブッフェで、フェジョアーダというどう見てもリーゲーのチーウンにしか見えへん豆の煮込みを取ってご飯に乗せる。これが美味いんだわ。あと、パルミットというヤシの新芽のサラダ（これまた美味）などを皿に取り、むさぼり食う。

さて、メインのシュラスコを抱えたブラジル人のおっさん給仕がやってくる。

小学生くらいはありそうな大きな肉の塊を、でかいノコギリのようなナイフでこそぎ取り、皿に乗せてくれる。外側はこげこげに焼けていて、内側は生肉に近い血も滴るレア。

通はレアが好きなもんですが、俺は何を隠そうウェルダンが大好き。いやいや、レアも好きなんやけど、ウェルダンが大好き。なかなか声を大にしては言えないのですが、ウェルダンが好き。

そういえば、たらこも生はもちろん好きなんやけど、かっりかりに焼いた焼きたらこのほうが好きやったりすんねんな、これがまた。焼くと嫌なのは、八つ橋くらいなもんかなぁ。

話が逸れましたが、ランプ肉と呼ばれる赤身の部分は、レアが美味かったです。でも、脂の多いサーロインなんかは、こっげこげに焼かれたガワの部分が美味かったです。

しかし、ブラジル育ちで主食が肉でもない限り、シュラスコなんてモノは元を取ろうと思っても大量には食いきれません。一緒に行ったうちのバンドのドラマーは、ひとの七倍くらい食ってましたが。

閑話休題。

京都で一度友達に会って、ドライブに行った。山奥深いところまで行ったので、とにかく寒くて寒くて仕方なかったけど、久々に会う友達やったから、いろんな話をした。

俺が昔ギターを弾いていたバンドのライブのテープ音源をｉＰｏｄに入れているというので、聴かせてもらった。

どうにもこうにも、ただ若い感じの荒々しい演奏ではあったのだが、若き日の俺のギターはとにかく勢いがあってカミソリのようだったことにびっくり。あと、殆どの曲がリズム&ブルース（所謂R&Bではない）風の楽曲で、ファンキーなビートばかりやったのにびっくり。あと、ヴォーカルが別にいたので、俺はギターに専念して歌ってなかった。

そういえば、いまのバンドを始めるまで人前で歌ったことはなかったので、ただギタリストになりたい、と夢見ていた少年が、ドラムやベースやヴォーカルの音をかき消すかのようにギターをしゃかりきになって弾いていた、とそんな印象。なんや。結局目立ちたがりやねんな。

（2010年4月号）

41　ジョルト・コーラが飲みたい

昔話。

小学生時代のお小遣い……基本的になし。

中学生時代のお小遣い……中1↓千円、中2↓二千円、中3↓三千円。

これを多いとするか少ないとするかはさておき、私立の中学へ電車通学をする身としては、日銭を削られる思いがする毎日であった。

たくさんの誘惑が、通学路や校内、帰宅途中に溢れかえっていた。まず二限目終了とともに売店で菓子パンを買ってしまう。あ、ついでにコーヒー牛乳も。百八十円也。

月曜発売の漫画雑誌なんかは、友達がすべて読み終わった後にやってくるので、わざわざ買わない。

昼休み前には弁当を平らげてしまっているので、昼休みには学食で「鶏カツ丼」と「納豆」だけ食う。三百円也。

六限目終了とともに、部活をさぼって帰宅の途につく。何故なら部活で筋トレやランニングをしていると、帰宅途中で飢え死にをしてしまうかもしれないからだ。

それでも我慢できない。夏場なんかは特に、校門脇の売店にびっしりと並んだジュースの自動販売機の列を見過ごすわけにはいかない。売店には各種アイスが揃っている。

コカ○ーラやサ○トリーの販売機にはハイクオリティーなジュース類が並ぶ。缶紅茶の概念を覆した「ピコー」[※1]や、飲んでいるだけで女子と会話しているかのような気になる爽やかな「アンバサ」[※2]なんかは、当時でもきっちり百十円した

仕方なく、隣のチェ○オの販売機で、百円だがビッグサイズのコーラか、何が出てくるかわからないお楽しみボタンにすべてを賭けていた。たまにコーラやファンタが入っていることがあるからだ。百円也。

京阪電車の売店で、一緒に帰っていた友人がチップスターを買って食っている。それをちょこちょこつまみ食いさせてもらいながら、さらに喉が渇く。

終点の駅で降り、地下ホームから地上の駐輪場に向かう。ここから自宅まで約三十分、上りの坂道

である。

駅前にマクドやロッテリア、京樽などがあるが、俺は明日からの毎日を生き抜かなきゃいけない。無理はできない。

売店で新発売のジョルト・コーラ（UCCから発売されていた、カフェイン増量のハードなコーラ。ビートたけし出演のCMが話題だった）と、VIPチョコレート（ロッテから発売されていた、中身が生チョコ風の板チョコで、高級感があった）をついつい購入。新商品にはめっぽう弱い。食い合わせ飲み合わせは最悪だが、その刺激的なのどごしと、初めての生チョコの口溶けに悶えながらチャリで帰宅する俺であった。二百六十円也。

え？　お小遣いじゃ足りないって？

そりゃあ足りませんよ。どうしてたかって？

そりゃあ言えませんよ。

閑話休題。

ジュース「メローイエロー」[※3]の姉妹品、「メローレッド」がうまかったー。

（2010年5月号）

※1　ピコー：サントリーから1993年に発売された缶入り紅茶。
※2　アンバサ：日本コカ・コーラから発売されている乳性炭酸飲料。
※3　メローイエロー：日本コカ・コーラ社が販売していた柑橘風味の炭酸飲料。姉妹品にメローレッドがある。

42　賀茂川

昨日スーパーで買ってきた刺身を醤油漬けにし、どんぶりに盛った炊きたてのご飯に乗せた即席漬け丼をいただく。

魚についての会話は、必ず海水魚と淡水魚どちらが好きか、という方向に転がってゆく。メシ時の会話として、この手の話は嫌いじゃない。ともかく、魚を食うのは人生の歓びの大切な1ページであり、ハマチとブリの違いなんていうのも、それはそれで重要事項なわけである。

ハマチやブリを食べていると、それはそれは脂も乗っていて美味しいけれど、久しぶりに鮎や岩魚なんかが食べたくなってきたりする。

京都にて。

近所を流れる賀茂川[※1]（鴨川、ではない）には、「どんこ」と呼ばれるハゼ科の魚と、大きいものは30センチ近い鯉、「はいじゃこ」と呼んでいたけど多分オイカワというすっきりした魚なんかと、アメリカザリガニやドジョウなんかがわんさかいて、夏になると毎日網と魚籠を持って、それらを捕まえては持ち帰り、家の水槽に放り込んでいた。

ちょっと上流へ行くと上賀茂神社近くの支流がある。夜になると蛍が飛び交い、郊外とはいえ大都市の住宅街では有り得ない光景を見ることができた。

そのまた上流に行くと、扇状地になったところに大きなグラウンドがあり、古めかしい砂防ダムがある。我々はそれを「柊木ダム」あるいは「第一ダム」と呼んでいた。夏場、ダムのてっぺんからぴょんぴょん人が頭から飛び込んで、大きな水たまりになっているところで海水浴ならぬダム浴を楽しんでいた。高校生の頃、毎週土曜日にダムへ飛び込みに行った。そして一度足に怪我をした。何故かジャマイカ人がたくさん泳いでいた。

もともと立ち入り禁止だったが、今はもっと管理が厳しくなっているであろうし、泳いでいる人間もいなさそうだ。

さらに上流に遡ると山深くなり、「第二ダム」がある。そのあたりから川は土手もなくなり山あいの中、自然の風景そのものである。カマツカという綺麗な模様の魚や、はいじゃこなんかに交じって、たまに鮎とかヤマメなんかが川岸の岩陰に隠れていたりするけれど、彼らはなんせすばしっこいので、もんどりでも仕掛けないと巧く捕ることはできそうにない。

岩陰に魚を発見した時は、2、3人で協力してさらに岩陰に追い込み、待ち伏せしている人が手づかみで捕らえ、網に入れるというのがデフォルトだった。
さらにさらに上流へ進むと、雲ケ畑という集落あたりへたどり着く。クモ違いだが、ここはクモが多い。大型のジョロウグモが藪に網を張り、川の水面近くにはトリノフンダマシという変わった形のクモが網にぶら下がっている。そういえば水面から跳ねた魚が、このトリノフンダマシをパクッとくわえて川に戻っていった瞬間を見たことがある。

さらに上流。もはや源流である。

夜中になると、もちろん人っ子一人いない山の中なので、真っ暗なはずなのだが、初夏になるとまるでプラネタリウムのように蛍があたり一面を飛び交っている。ゆーらゆーらとゆっくり飛んでいる蛍と、素早く飛び回る蛍と、草に止まったままゆっくりと光る蛍と、まるで人生の美しい瞬間だけを切り取ったかのような、この場所でしか有り得ないかのような宇宙の縮図を見せてくれる。

翌日。
鮎を塩焼きにして食う。甘い。あぁ甘くて美味しい。

（２０１０年６月号）

※１　賀茂川：京都市を流れる鴨川のうち、高野川との合流点より上流の部分の通称。

43 旧型客車の旅

静岡県のちょうど真ん中（のちょっと西側？）を流れる大井川。上流は南アルプスまで遡り、長島ダム[※1]、井川ダム[※2]といった巨大なダムを持つ、日本の一級河川を絵に描いたような川である。

その流域、金谷というしっぽりした宿場町から大井川沿いに南アルプス付近まで走る大井川鐵道[※3]というローカル私鉄にまつわる話。

かつて名古屋と大阪を矢のような速さで結んだ近鉄特急の電車や、京都・大阪間を走り、初めて車内でテレビ放映サービスをした京阪特急、大阪と高野山を駆け上るように走った南海電鉄の車両が、ここ大井川鐵道にて、第二の人生ならぬ、第二の車生をのんびり送っていることは、鉄道マニアの間では有名な話である。

ちなみに、大井川「鉄道」ではなく、大井川「鐵道」という社名からも、古き良き鉄道の時代を彷彿とさせるノスタルジーが垣間見える。

ノスタルジーを体現することは、大変だ。

新横浜のラーメン博物館は、箱庭のようなテーマパークである。よくできている。しかし、大井川鐵道は、決して多くはない、地元の学生や交通弱者たちのための、大切なライフラインなのだ。

安全運行が必然であることは今も昔も変わりない。ただ、冷暖房や車内のアメニティーに於いて、「快適なサービス」が「当然」であるかどうかは、地域格差や、様々な要素が絡んでくるわけである。

大井川鐵道は、観光用にSL列車を走らせている。JRの一部の路線なんかも、SLを走らせているところがあるが、大井川の場合は、SLに牽引される客車までもが、昭和10年代のものだったりする。JRなんかは、「レトロ調」の新型客車だったりするわけで、乗っているお客さんはノスタルジーとは無縁なわけである。

SLを運転するのは並大抵のことではないらしい。コンピューター制御の最近の電車のようにはいかない。機関士は常に、気候条件や様々な自然の制約とアナログなかたちで戦いながら、五感を働かせて運転せねばならない。助手は肉体労働である。蒸気の圧力を確認しながら、石炭を常に釜にくべる必要がある。勾配を登ろうものなら、地獄の沙汰である。

SLという鉄のかたまりを、つまりじゃじゃ馬をならす人間の能力が問われた時代の産物である。ちなみに最近の電車は、人間の英知によって編み出された、人間の能力を超えたテクノロジーの産物である。

旧型客車の保守も大変なことだろう。

窓枠に手作業ではめ込むガラスや、もう生産していないであろう消耗部品の調達もままならず、コストだって掛かるなんてもんじゃなかろうに。あほらしくならんのかなぁ。

大井川鐵道はローカル私鉄である。ＳＬを運行させても、閑古鳥が鳴いた日には、大幅の赤字になるはずである。

趣味ってすごいなーとか思ってる馬鹿共へ。

生きた教材は、ここにある。古典にこそ学びがあり、人の温もりにこそ真の強さがある。養老孟司[※4]さんみたいなこと言うけど、絶対である。ブラッドサースティー・ブッチャーズの言葉を借りるなら、「ギタリストを殺さないで」である。え、意味分からんって？

ちゃらい世の中に迎合すんな。明日のために走れ‼


（２０１０年７月号）

※1　長島ダム：静岡県榛原郡川根本町にあるダム。
※2　井川ダム：静岡県静岡市葵区井川（ダム竣工当時は井川村）地先にあるダム。
※3　大井川鐵道：日本で唯一、年間300日以上ＳＬを営業運転している鉄道会社。
※4　養老孟司：日本の解剖学者。東京大学名誉教授。著書に『バカの壁』など。

44　シンガーを殺さないで

なんか、よく考えたら、歌って凄いなーって思う。

だって、ヒトが声を出して、そこに言葉を乗せたり、音程や強弱をつけたりして気持ちを表現したりするんですもんね。それは、いつも決まった長さのバットを手入れしてバッターボックスに入る打者や、超絶テクニックで[※1]ストラディバリウスを弾きこなすバイオリニストよりも、直接的。

歌を歌って、それを商売にして金を取ってるわけやから、すっごい歌上手くならないと、と思うと同時に、もし自分が歌うことによって誰かがそのメッセージをナイスキャッチしてくれているのならば、歌うことについて、ブレてはいけないと思うわけである。

ちなみに、僕はテクニック的に言うと歌かなり下手なほうで、自分のイマジネーションの中の歌唱テクニックにはまったくもって追いついていないのが現状で、なかなか上手くなりません。

ただ、歌に乗せているメッセージだけはまったくブレずにやれている自信はあります。でも、そこも集中力との戦いっていうか、上手く歌おうとすると、なんだか自分に酔ってしまうというか、カラオケの上手い奴みたいな感じになってしまって、歌の中のメッセージと矛盾してしまうのです。

その昔、自分のおばあちゃんが昔の歌だと懐かしそうに子守唄みたいなものを歌っていたのを聴いた時、あぁ、なんておばあちゃんの歌素敵なんやろう、って子供心に思ったことを思い出しました。その歌が何の歌かは忘れましたが、おばあちゃんのオリジナルではないと思います。

おばあちゃんは歌がとりたてて上手いわけではなく、おばあさんだったので声もしゃがれていて、小さい小さい声で歌っていました。さらっとほんの数小節歌ってくれただけですが、ほんとうに歌に魂が宿っていたとでも言いましょうか、なんかすごくぐっときたのを覚えています。

ソウル・シンガー、と言っても[※2]アレサ・フランクリンとか[※3]サム・クックとか黒人シンガーはもちろんかっこいいしいっぱいいい歌あるけど、歌なんて、多分誰が歌っても気持ち込めたらソウルフルになんのかもなーとか、思ったりするのです。

プロは、歌上手いほうがいい（ピッチやリズムがよかったり、ヴィブラートがかけられたり）といろんな人が思ってるから、大変です。もちろん、伝えたい感情を伝えるために必要なテクニックは、いろいろあるのでしょうが。でも、ヒトの音楽聴く時に、最近上手い下手をあんまし意識しなくなりました。気持ちやな。

て言うのも、最近洋楽邦楽問わず、ポップス　ロックの範疇にあるＣＤなんかを聴くと、オートチューンでピッチ直しまくってて（わざと使って無機質にしているような意図的なものだけじゃなくて、一聴ナチュラルに聞こえる歌声も）、歌い手のたいせつな個性であるピッチの生理的ニュアンスが消えて、折角歌が上手いシンガーAもBも、同じ音程になってしまっているので、ちょっと実は音楽聴くことが楽しみじゃなくなったりもしていて、いち音楽ファンとしてとても残念だったりします。

僕も実は、オートチューンを使って、音程直したことがあります。ほんのワン・ワードだけだったりしますが、ちょっと後ろめたいのです。ちょっと付いていたでかいほくろを取っただけだったんだよ……。ちょっとズルする感覚で使うと、ほんまにビッチビチに使ってしまうよう。完璧なメイクを目指すべく、染みホクロとりのためにみんな使うんでしょうなぁ。こないだ大きいレコード屋の試聴機でいろんな音楽聴いたら、ほんまにピッチ感が統制されている。気持ちが機械に負けちゃった。残念。

オンチブームを作りたい。

（2010年8月号）

※1　ストラディバリウス：イタリア北西部のクレモナで活動したアントニオ・ストラディバリが製作した弦楽器。
※2　アレサ・フランクリン：アメリカの女性ソウル歌手。2017年で引退することを表明した。
※3　サム・クック：アメリカのミュージシャン。33歳という若さで死去。

45　革命的扇風機

電車好きではあるが、もともと電車好きになった理由というのも、電車の天井に付いていた扇風機が好きだったからということを、クーラーがガンガン効いた山手線の車内で思い出した。

ひと昔まえの電車の天井には、360度首の回転する天井扇が付いていた。深い青や緑、あるいは灰色の羽根が大きな音を立ててぶんぶん回っていた。使われない冬場には取り外されているか、ビニールのカバーが掛かっていた。

子供の頃、家に三台の扇風機があった。東芝製の一時間タイマーが付いてる四枚羽根の青いやつ、三菱製の背の低い家具調のやつ、あとは東芝製のかなり古い、ガードの真ん中に穴が開いて回転部がむき出しになっている小さいやつ。

そのいちばん古い扇風機は、実家から貰い受け、つい最近まで使っていた。ガードの真ん中の穴から指を突っ込み、回転部の銀色のところに鼻くそを練りつけて遊んだりしていた。

風量調節のボタンが、0↓1↓2↓3というふうに強くなっていくのが普通だが、0↓3↓2↓1というふうに強くなっていくあたりに、時代を感じるヴィンテージ・ファンであった。

三枚付いている緑色のプラスチックの羽根が、波打つようにうねっている造形美にうっとりしている私自身どうかと思うが、とにかく扇風機というものは、数ある家電製品の中でも思い入れのあるアイテムなのである。

盛夏に向けて、新しい扇風機を購入した。信号機のように、三つの独立したファンが縦に並んでいて、見た目なかなか威圧感のある海外風デザインのオシャレな扇風機である。三つファンをそれぞれどういうふうに使えば効果的なのかはさっぱりわからないが、おかげで殆どクーラーに頼ることなく涼感を得ることができている。

そんな中、吉祥寺の家電量販店で、凄いものを発見した。

掃除機などでも有名な、イギリスの某家電メーカー製の「羽根が無い扇風機」である。

脚部の操作部、ファンを支える首の部分は、扇風機のそれなのだが、ファンというか、羽根が無いのである。

文面では伝わりにくいので説明が難しいけれども……。そう、のっぺらぼうみたいなものなんです。羽根があるべき部分に、何もなくて、ただの輪っか（それも紙が破けた金魚すくいの道具みたいな）

から、何故か風がビューッと出てくるんです。

どうやって風が出てくる仕組みなのかは、カタログを読んでなんとなくわかったけど、あまりにビジュアルと実際に受けている風との差がありすぎて、なんだかとても変なマジックショーを見せられたかのような感覚になりました。

扇風機も、日本に輸入されてから長年経ち、やっと和室や縁側にも似合うようになってきたのに、この革命的扇風機は、なんか凄すぎて景色が出てこない！　カルチャー・ショックでした。

（2010年9月号）

46 世界一の街

上海のはなし。

万博[※1]の盛り上がりもあるけど、世界中で今いちばん盛り上がってる場所ではなかろうか、上海。街は摩天楼と呼ぶに相応しい超高層ビルの谷間を行く人、人、人の群れ。

彼らのエネルギーはおそろしく大きい。かつての高度成長期の日本とダブるのかもしれないと誰かが言っていたが、ここは中国、4千年の歴史を持つ世界一の大国である。歴史も度量も、すべて大きい。

もちろん、今日本に住む我々にとって、あまりにリアリティーのないこの好景気と、とにかくポジティブでエネルギッシュで、欲望にまみれたこの街は、幾分暴力的にすら映ることもある。古き良き中国のイメージを想起させるような街区は殆ど再開発され、若者たちはハンバーガーショップやファストファッション、携帯電話に夢中である。渋谷や梅田なんかにある欧米発のいろんなものが、おそらくすべて5倍くらいのスケールで存在している。

かつて自転車が溢れていた大きな道路を多くの自動車が行き交い、その高架には高速道路と、縦横無尽に走り回る地下鉄や高架鉄道は日本や欧米諸国と比べても遜色のない、いや、もしくはそれ以上の規模なのかもしれない。

驚くべきは、街には一切エコの概念が存在しない（ように見える）にもかかわらず、バッテリー搭載の電動バイクや電動自転車がわんさか走っていることだ。

音もなく走るこれらのバイクや自転車は、おそらく時速40キロ近くで車道のみならず歩道を走るため、歩行者にとってはとても危険である。基本的に自動車やバスも、歩行者がいてもお構いなしに走るために、交通弱者はどうやって暮らしているのだろうと思ってしまう。

手打ち麺が食える小さな食堂に入った。

僕は、牛肉入りのタンメンを注文したかったが、中国語が全く話せないので、黙ったまま紙に牛肉拉麺と漢字で書き、慌ただしそうな店員に手渡した。彼らに限らず上海人たちはとても慌ただしそうで、外国人に対しても邪険な態度を取るようなイメージもあり、なんとなくちぐはぐな会話を避けたかった。外見上は、日本人と上海人なんて、もはや見分けのつかないレベルなのだ。

店員の彼はおそらく僕をろうあ者と勘違いしたのだろう。筆談と手話で応じてきた。彼は慌ただしく雑な対応をしていたが、こちらがしっかりと安心できるなにか大きい器というか、どーんとでかいオーラをもって迎えてくれた。

いちいちここで、いやいや私は日本人です、と説明したりとか、ろうあ者のふりをして通すとか、そんなこともしたくなかったので、普通に注文して、普通に食べた。

タンメンも、なんてことはない牛肉と香草が入っただけのシンプルなものだが、味の器というか、オーラがでかく、歴史という名の安心を感じるものだった。日本円にしてたった15円ほどだ。

器の大きい大人になりたいな、といつも思っているが、この街の器は大きいようだ。街は人を育てる。

この街で出会った若者が言っていた。「ネガティブはダメ。ポジティブ。笑顔。上を向いて歩かなきゃダメだよ」。

こんな物言いが気持ちよくハマるくらい、エネルギッシュな街なのだ。そしてすぐに日本のことを、たくさん思った。

（２０１０年10月号）

※１　万博：２０１０年、上海国際博覧会。5月1日から同年10月31日まで、中華人民共和国上海市の上海世博園で開かれた国際博覧会。

47 新しいアルバムのインタビュー補足

小学校で習う「ドレミファソラシド」は、西洋の古典音楽の音階である。いわゆる音楽用語で言うところの「ハ長調」である。「レミファ♯ソラシド♯レ」は「ニ長調」である。

古来の日本（近代日本）の音階は「ドレミソラド」で、ファとシがなかったわけである。レから始まるなら、「レミファ♯ラシレ」ということになる。

沖縄も面白くて、「ドミファソシド」で、レとラがない。レから始まるなら、「レファ♯ソラド♯レ」となる。

ハンガリーの音階や、アラブの音階はそれはそれで面白いが、ここでは割愛。

地域や民族と音階の関係性というものは大変興味深く、古来の日本の音階はアイルランドやスコットランドの音階と通ずるところがあったり、中国の音楽なんかも同じような関係性を持っていたりもする。

まぁ、そのような小難しい話は置いといて、文部省唱歌の多くや、「蛍の光」や「仰げば尊し」なんかは、アイルランド、スコットランドなどのヨーロッパ諸国の民謡やその音階を使った曲で、日本人にとって歌いやすかったものなのかも知れない。いわゆる和洋折衷ってやつなんかなぁ。

日本に生まれ育った自分も、「ファ」と「シ」の不自然さと戦いながら、「ファ」と「シ」をどうやって愛そうかと切磋琢磨してきたのかも知れない。

R&Bと呼ばれるモダンなアメリカ音楽の源流、リズム・アンド・ブルースなんかでよく使われる不思議な音階「ブルーノート」を理解し、獲得することをいまだに、日本のいろんなミュージシャンがあきらめずに頑張っている。

先述した日本の音階「ドレミソラド」に近いというか親戚みたいな、「ラドレミソラ」という短調の音階のミの部分を、半音というか曖昧な音階にトーンダウンしたような、割り切れない音階が、黒人たちのあいだで憂いを感じる音、つまり「ブルーノート」となるわけである。

黒人たちの憂いを理解することは難しいが、音楽を通してそのフィーリングを理解したい、ということは、ミュージシャンにとっては価値あることなのかも知れない。僕自身、ブルースを感覚的に理解しようとすることで、日々の音楽探究の大きな楽しみが膨らむわけである。

日本人である我々も、先述した日本的な音階の狭間にある、独特のコブシめいた、西洋のオタマジャクシでは表記することのできない不思議な音階を持っているはずである。ところが、いろんな日本人のミュージシャンが、そこに無自覚なまま、無理やり西洋音楽のルールに当てはめられて、音楽を作っている。僕もそうです。

日本人どころか、関東と関西、あるいはいろんな地方、コミュニティーによって千差万別な、独自の音階をそれぞれ持っている。それは古くから伝わる民謡や、宗派によって異なるお坊さんのお経を聴いていても感じることだったりもする。

以前この連載で触れた「オートチューン」なるアメリカが発明した音程補正機が、世界中すべての独自の音程を、西洋音楽の平均律に当てはめようと必死らしい。歌い手の個性ばかりか、国民性や地域性すら侵略しようとしているわけだ。

「オートチューン」、僕らもごくたまに使いました。かなり控えめに使ってるほうではあると思うけど。だって直したほうがいいオンチな音程直せるし。みんなバッキバキに使ってるし。

でもね、最近になってやっと気づいた。西洋音楽の教育を受けて、大好きな外タレに夢中になって、いっぱい憧れて、自分もギターとか買って、恩恵もいっぱい受けて、でも英語で歌ったりしてもなんか魂入らへんかったりして、もう自分のやってる音楽って何やねんってなって、わからず屋で不勉強な評論家の先生のとばっちり受けたりなんかして、もう何やねんと。オートチューンで自分のオンチ直して、アホかと。

とっくに日本は亡国だという輩ばかりの国に住んでいて、普通に暮らしてて、TSUTAYAとかでレンタルしてレディー・ガガとかコピって、まるで映画か安いAVみたいに彼女とチューとかして、おっぱい触って、XXXして……。

て言う風に考えたりしないように、季節と空と風と太陽と雨と米と茶と愛などを感じながら、できるだけ沢山の日本の皆さんのためにだけ、新しいアルバム『言葉にならない、笑顔を見せてくれよ』[※1]を作りました。

（2010年11月号）

※1　『言葉にならない、笑顔を見せてくれよ』：くるりが2010年に発売した、9枚目のオリジナル・アルバム。

48 パンツピルプチ整形ペチパンポキール

どうも、昔から「ぱ」行に弱い。

どんな幼児体験が絡んでいるのかは分からないが、「ぱ」行の言葉が目立つ単語が怖い。とてつもない恥ずかしさと、少しの興奮と、えも言われぬ背徳感を感じてしまう。

「ピンク」、「パパイヤ」、「プリーツ」、「ポップ」、「ペンション」、「ペペロンチーノ」、「プール」、「アップルパイ」、「パクチー」、「ペチコート」、「ポテト」ｅｔｃ……。

「ぷるんぷるん」、「ぴちぴち」、「ぷつぷつ」、「ぱっつんぱっつん」ｅｔｃ……。

女学生に、先述したような単語を口走らせてみたら、どうにも私は赤面した上逃げ出してしまうだろう。逆に、おっちゃんがこれらを呟いたとしても、そんなこと言うてええんかと、これまた赤面してしまうんだろう。

「ピリ辛」、「ポール・マッカートニー」とかはそうでもない。なんでやろ。

脱線しました。

「ぱ」行のイメージは、私のなかでは昔のアイドルが着ていたビニールっぽい衣装のイメージなのだ。若くて、肉感的で、しかし未成熟で、尻軽で安っぽいのに直接的なのだ。

もし、「ポルノ」が「ホルノ」や「ボルノ」、あるいは「フォルノ」、「ヴォルノ」であれば、観るこちら側のイメージは異なるはずだ。高級感が出る。

「パブロン」や「パンシロン」が「バブロン」や「ハンシロン」なら、もうちょっと効くはずだ。

「チャットモンチー」が「ちゃっぽもんぴー」ならば、確固たる今のポジションはないはずだ。「ブンブンサテライツ」が「ぷんぷんサテライツ」だったらビートが甘くてダメそう。「レディー・ガガ」が「ペティー・パパ」ならちょっとええか。アイドルやからか?

あぁ、「ぱ」行恥ずかしい。

プリンスすごい。あぁプリンスすっげ。超まじやっべ〜。

お聴きください、プリンスで〝パープルレイン〟!

うっわ〜、無理ー。わはははは。はっずかしー（恥）。今パソコン打ちながら赤面してます。

閑話休題。

わかりました。「ぱ」行、多分唇の肉感が発音されるからです。
キスと言うより、キッス、って感じです。なんやそら。

（２０１０年12月号）

49　曲づくりという名のひとり悩み相談室（別に今悩んでません）

ミュージシャン（自称ミュージシャンやアマチュア含む）の皆さんの中で、ソングライターの方々は、いったいどのようにして楽曲を作り上げているのでしょうか。

空調の効いたプライベートスタジオで、PCを前にデモを作ってるんでしょうか。あるいは、美術館でモネとかの絵を観て、急にインスパイアされてメモ帳とテレコを使ってアイデアをメモしておくのでしょうか。好きなひとのことを考えて眠れない夜に、その悩ましい気持ちをギター一本で弾きがたってみたものが曲になるのでしょうか。街の練習スタジオで、サウンドチェック代わりに弾いていたなんてことないギターのフレーズにバンドのメンバーが乗っかってきて、偶発的に出来上がるのでしょうか……。

1。

そういう意味では僕は、いまだに確固たる方法論がなく、時と場合、体調や心理状態、環境などによっていろんな方法で曲をかたちにしていきます。

よくインタビューやなんやで、どういった時に曲ができるのですか、という質問をされます。僕の場合、だいたいが気持ちがフラットに落ち着いていて、嬉しいことや悩み事なんかがそれぞれ少なくて、なんかちょっと心の中の容量が少し余っている時なんかに、メロディーと和音構成とだいたいのテンポやリズムが頭の中に浮かびます。そして、それを体内から吐き出す時に歌詞を付けながら構成が決まっていったりします。

これがなかなか、「さぁ、曲でも作るか！」とか、「次のシングル曲作らなきゃ間に合わない、どうしよう」とか、いざ曲を作ろう、と思ってもなかなかできないパターンがほとんどです。うんことかと同じように、ベストな出し時というものがあって、便意もないのに出そうとすると力みすぎて痔になるだけで、逆に溜めすぎると便秘になって出ない、みたいなことになったりします。

そんなことではプロのソングライターとして失格なんでしょうが、なんとか騙し騙しやってます。

何のストレスもなくできたものをしっかりストックしておく、というのが賢いソングライターのやり方だと思いますが、なんせ釣った魚をそのまま食べる、とか、冷凍物は鮮度が落ちる、とかそんなことを思っているクチなので、なかなかそういうこともやりません（やれよ！）。

曲の大枠ができたことにぬか喜びしてしまい、歌詞やタイトルなどを後回しにしてしまった時は大変です。せっかく思いついた曲の芯にあるポイントを忘れてしまいます。メロディーやリズム、和音というざっくりした記号だけを頼りにしてしまいます。記号化できなかった魅力、つまりその曲の持っているべき抽象的で、感覚的な魅力を失ってしまう、ということがよくあります。でも、こういった悩みは後述する「3」に繋がって解消することがたまにあります。

2。

たまにチャリンコとかに乗っていると、ギターのケースを担いだお兄さんとよくすれ違います。あ、あきらかにリードギタリストっていうか、いわゆるギタリストだな、っていう風貌のひとじゃないひと、つまりヴォーカル／ギターだったりする兄ちゃんは、たまに曲を作りながら歩いています。それを見るたび、ちょっとほっとします。俺と一緒や、って。

曲を作っている最中は、なかなかおかしな動きや目線をしていて、一見気持ち悪いことがほとんどです。同じ道を何度もうろうろしたり、急に耳を塞いで小声で歌いだしたり、なんか紙を取り出しておもむろに破いて、そこに何かを殴り書きしていたりします。もちろん、目線は泳いでいます。

僕はなかなか家の中やスタジオの中で曲を作れない人間なので、だいたい散歩中とか、移動中なんかに浮かぶことが多く、上記のような行動をとりがちです。思いついたことはすぐにメモしないと忘れたり変わったりしてしまうので、メモ帳を常に持ち歩いてはいるのですが、急いでいるとメモ帳を探している間に忘れてしまうので、ポケットティッシュにメモをしたこともありました。

ミュージシャンのインタビューで、携帯にメモしたり録音したりしているよ、という発言をよく見ますが、僕はメールを打つのもむちゃくちゃ遅いので、無理です。「お」を打つとき、いつも「ぁ」まで行ってしまうのです。

3。

だいたい曲が思い浮かんだ時って、頭の中にあるメロディーラインは誰かが歌っているのですが、それが自分なのか、違う誰かなのか、男なのか、女なのか、国籍はどこなのか、そんなことが非常に曖昧というか、まるで夢の中の話のように自然にぼやーんと、かつすーっとメロディーが流れています。それはリズムとか和音もそうで、記号化が必要なので記号化しますが、そうすると頭の中で鳴っていたものを簡略化したようなものになります。だから、できるだけ具体的に記号化できるように、日々精進をしたりと（以下略）。

作ってみた曲を、歌詞を付けていざ自分で歌ってみると、思ってた感じとぜんぜん違うことになります。それは、自分が歌い手として上手いとか下手とか以前の問題で、空想や理想と、現実や生身は必ずしも一致するものではない、あるいはまったく別物である、ということです。

うまくいけば、そのズレを逆手に取って思ってもいないところへ、曲が高らかに羽ばたいていくことすらあるくらい、僕一個人の妄想や理想なんてたかが知れています。

リズムや和音も、その解釈なんて微分できないほど沢山あって、角度によってすぐ美人になったりブスになったりします。どっちがいいか、ってことすらいろいろ試すことができるわけです。現実って凄いです。

（2011年1月号）

50 湯治～その1

ここは古くからの秘湯、湯の目温泉という山中の一軒宿でございます。

めぼしい観光資源があるわけでもなく、幹線道路や鉄道が走っているわけでもありません。周囲には深々とした山と小さな渓谷以外何もございません。道路や林道も整備されておりません。山道と云いますか、いわゆるケモノ道を一日かけて歩いていただかねばならず、遠方からのお客様にはご不便をおかけすることになりますが、天候の厳しい冬期以外は、麓の駐車場から登山を楽しみながら、おいでいただいております。電気が開通しておらず、自家発電も行っておりませんので、ご不便をおかけしますが、夕暮れとともにランプが灯されます。限られた燃料でございますので、夜8時半には消灯していただいております。冷蔵庫もございませんので、お客様にお出しするお料理は、その日獲ってきた魚や山菜といったものです。

湯の目温泉には電話がございません。また携帯電話も通じない地域でございますので、ご予約の際は、往復葉書に宿泊者のお名前、宿泊日程、人数をご明記のうえ、下記の住所までお送り下さいませ。こちらからのお葉書の返信を以てご予約成立とさせていただきます。なお、急なキャンセルが生じた場合、宿泊料金全額をご請求させていただくことになりますので、日本国内からご予約の方（離島、一部地域は除く）のご予約取り消しに関しては、必ず宿泊予定日一週間前までに、お葉書にてお知らせくださいませ。

お部屋とお風呂、お食事のご案内をさせていただきます。

お泊まりいただけるお部屋は全5室ございます。8畳の和室が2室と、6畳の和室が2室、12畳の和室が1室ございます。それぞれご料金が1泊2食付きで8500円、7000円、13000円となっております（すべて税・サ込み）。ご連泊の方はご昼食が必要のことと思いますので、800円にてご予約を承ります。チェックインはお昼3時より、チェックアウトは朝9時半となっております。湯治の方は、1泊2000円からでご予約承っております。

先ほど申しましたように、お部屋には電気の代わりに灯油ランプがございます。また朝夕は特に冷え込みますので、湯たんぽをお貸し出しいたします。また、石油ストーブを有料で貸し出しております。また、ゴミはすべてお持ち帰りいただいております。食べ物、飲み物のお持ち込みは特に決まりはございませんが、冷蔵庫がございませんので生ものはご遠慮くださいませ。

建物が築200年を数えまして、古くなった箇所の補修は行っておりますが、隙間から風、虫などが入ってくることがございます。ご不便をおかけいたしますが何卒ご了承願います。

お風呂は内湯が男女別、露天風呂が混浴となっております。源泉をそのまま掛け流しておりますので24時間いつでもご入浴いただけますが、夜間は懐中電灯をご用意くださいませ。また、夜間の露天風呂へのご入浴は危険ですのでご遠慮ください。

古くから万病に効くと誉れ高い湯の目温泉でございますが、酸性明緑礬泉という珍しい泉質でございます。効能は多くございますが、強い殺菌消毒作用がございます。また水虫や慢性皮膚病などに強い効果がございます。あとは、粘膜や皮膚を引き締める作用があり、更には慢性の粘膜疾患に効果があると言われています。

内湯、露天風呂ともに浴槽の底より自然湧出しております。酸性が強いため石けん、シャンプーは使用できません。長時間ご入浴されますと湯あたりを起こされる方もいらっしゃいますのでご注意ください。ご入浴の後はお部屋でゆっくりと休まれると効果が現れます。

お料理ですが、夕食は土鍋で炊いた白飯、山で採れた茸類の味噌汁、川で獲れた魚の刺身または焼き物、山で摘んできた山菜の天麩羅やお浸し、お漬け物となっております。朝食は白飯、産みたての玉子、川魚の佃煮、川海苔の味噌汁です。季節によってメニューは変わります。時期がよろしいと、鹿刺しや熊鍋をお出しできることもあります。昼食は、ご希望の方にのみお出ししております。また、日清カップヌードル（醤油味・カレー味）の他、即席ラーメン、うどんを取り揃えております。

湯治の方は、基本的に自炊していただいております。材料の買い出し、山菜摘み、川魚の漁のしかたなど当方にてお教えしますので、ご協力のほど宜しくお願いいたします。

つづく

（2011年2月号）

51　湯治〜その2

私はミュージシャン。

もう長いことこの世界にいるけれど、楽しいこともあればそうでないこともある。どんな仕事だってそうでしょう？　いや、だいたい自分の仕事のことを、仕事だと思ってやったことはないけど。何？　好きなことを仕事にできていいですねって？

うん……確かにいいのかもしれないよ。私はほかの職業には就いたことがありませんから、なんせ会社勤めとか公務員とかスーパーの販売員とか、いわゆる一般的な職業っていうんですか、あまりよくわからないので偉そうなことは何も言えません。

仕事だと思ってないから、とても大変だ、なんてこと言うと怒られるかもしれないけれど、心が休まらないんだよ。好きなことが仕事そのものだから。それは、ワーカホリックとかそういうんじゃないんだ。退屈なんだよ、何もかもが。違うか？　まぁいいや。

だいたい音楽なんて娯楽のためのさ……うーん、なんていうか芸術作品っていうのかな？　笑われるな。まぁいいや。あのね、日常品とか生活必需品と違って、趣味性の高いものを、とことん突き詰めて作ってるわけなんだよ。つまりね、マニュアルや答えなんてないわけ。売り上げが、とかさ、もちろんあるよ？　でもさ、現代世界ってむちゃくちゃじゃん？　音楽業界なんてさ……あーやめよやめよ。こういう話がいちばん嫌だわ。わかんねーし。ごめんねー。折角温泉来てるのにねぇ。

いいお湯だよねぇ。なんかさ、肩肘張ってるってこういうことだったんだな、みたいな。今気づいたよ。肩肘張ってたわ、私。肩肘張ってる自称ミュージシャンが、肩肘張ってる音楽なんか作っても誰も聴いてくれないよ、ってね。え？　そんなことない？　君は君らしい音楽作ればいいって？　馬鹿言ってんじゃないよ。あぁ……やめよやめよ、温泉来てるのにさぁ……。

ていうか、私しか泊まってなくない？　この温泉。長期の湯治客がいるって？　そうなの？　でもこの内風呂貸し切り状態じゃんよ。観光客とかさ、来ないんだろうね。こんなへんぴなとこだしさ、しかも今日平日じゃん？　ミュージシャンになって良かったことって、普通のひとたちと休み被らないんだよねー。ていうか、この温泉ぬるいね。

ぬるいから、一時間も二時間も入ってられそう。

一つある浴槽の底の、大きめの砂利石のあいだから、沸々とわき上がる温泉。

音は何も聞こえない。渋谷の交差点とか、うるさいテレビ番組とか、彼氏の小言とか、ヘッドフォンで聴く自分のプレイとか、そういう音が聞こえない。

耳を澄ませば、沸々と地面からわき上がる湯に、たまに交じっている小さな気泡がぷつ、ぷつと弾ける小さな小さな音が、まるで寝息に引っかかった鼻水のように、おとなしく鳴る。あとは、音が鳴っているのか、鳴っていないのかさえわからない、薄暗い白熱電球の周りを忙しく飛ぶ蛾の羽音くらいのものか。

私はひとり、この温泉にとっぷり浸かっている。わたしの生まれたままの身体と、気づかないうちに錆びてしまったこころを、地面から湧き出る、エネルギーに満ちたぬるいお湯で、洗い流している。私は少しばかり泣いた。

（2011年3月号）

つづく

52 湯治～その3

がらがらと、立て付けの悪い入り口の引き戸が開く。湯気で薄いもやがかかっている浴室で、ひんやりとした風を額に受け、湯の中でほとんど眠りこけていた私は一瞬我にかえった。

余計な考え事も、さっきの愚痴も、身体の疲れも垢も全部洗い流された私がぽつんといる浴槽に、ひとりの老人が身体をうずめた。

柔らかな湯はぼんやりとした波紋をつくり、その先でうつむくように湯に身をうずめる老人は、おそらくゆうに70歳は越えているか、もしかすれば80、90歳くらいでも不思議ではないくらいの様相だった。静かに枯れてなお、古木に留まる葉のように老人は、何も言わず、その気配すら感じさせず、ただ湯に身をうずめていた。

私は、不思議といっさいの感情を持つこともなく……つまりは身体を見られることに対する恥じらいや、見ず知らずの他人と場を共有する緊張をまったく感じることなく、ただその老人と同じように、湯に身体をうずめていた。

無理に話しかけることもなく、話しかけられることもなく、視線を気にすることもなく、目のやり場に困ることも呼吸を乱すこともなく、私と老人は、こんこんと湧き出るその湯に身も心も預けていた。

時間が止まっているようだ。

そんなことを考える必要もないくらい、すべてが止まっていた。いや、もしかしたら、ただただ溢れる地球の動きに、何の抵抗もせずに、ごく自然に乗っかっているのならば、私はこの老人と一緒に、ひとつ先ふたつ先の未来へと駒を進めているのかもしれない。未来を信じて、もがき続けても前へ進めないいいつもの私とは違って。

むかしばなし。

私の生まれ故郷は、都心から一時間半ほどの、都会でもイナカでもないターミナル駅から、ローカル線で一時間ほどの終着駅の山あいにある。

私は、自分の生まれ育った場所も、自分の通っていた学校や、友達と思っていた地元の同級生との記憶も、両親との思い出も、いろいろ、いろいろ、思い出したくもない………あぁ、思い出せない、無かったことにしている？

とにかく、今の私には処理できないような、清算もできないような……。何があったってわけではないけど、その頃のわたしは、今の私とは違う。違う場所で、違うにおいで、違う世界の、そんな昔のわたしと、その頃のわたしのすべて。

ひとつだけ、思い出せるのは、わたしの住んでいた街の小さな終着駅へ向かう最終列車の、誰もいない車内。居眠りしている間にお気に入りのプレイリストの再生が終わって、無音のイヤホンを取ると、コトン、コトンという車輪の音と、うっすら積もった雪景色、足下の暖房と、マフラーのにおい。

わたしはひとり。まるで銀河鉄道のなか。

。。。。。。

。。。。。終着駅。ただただ、記憶も気持ちも、すべてが闇に覆われてゆく。

。。。。。。。。。。。。。。。。。。。。。。

。。。。。。。。。。。。。。。。。。。。。。。。。。。

「タプン」

老人が湯を少し揉んだ。そして私のほうを向いた。湯気の中、老人はうっすら笑みを浮かべて、私のことを見ている。

つづく

（2011年4月号）

53　湯治〜その4

老人はまるで仏像のように、目を閉じているのか開いているのか、微笑んでいるのか眠っているのかもわからない様相だが、私は反射的に声を掛けてしまった。いいお湯ですね、と。

老人はゆっくり、うっすらと微笑んだ。何を語るわけでもなく、ただ静かに湯船に浸かっているだけなのに、私は少し安心した。

お尻のあたりに、ぷくぷくと湧いてくる新しい源泉を感じながら、私はいろんなものをここで捨てて、まっさらになってしまった。

天井にある明かり取りの窓から、ほんのり冷たい風が入ってきて頬をなでる。よし、風呂から上がろう。

知らないうちにさっきの老人はさっさと上がって、部屋に戻ってしまったのだろうか。私は上がり湯で身体を流し、丁寧に身体を拭いて、浴衣に着替えた。浴衣の羽織の袖口に入れておいた百円玉が冷たくなっていて、肌に触ると少し変な感じがするので、くたびれた自販機でジュースを買ってすぐに飲み干して部屋に戻った。

簡素だがしっかりした作りの部屋には、テレビがない。携帯電話も通じない。私は本すら持って来なかったので、ひとりになっていろんなことを考えようとしていたけれど、何も考えず、眠ろうと思った。

布団はぱりっとしていて、のりが利いているけれど、湯の染み込んだ身体のおかげなのか、横になっているだけで柔らかくなっていく。私は、自分の肌の柔らかさを全身で感じながら、眠りについた。夢も見なかった。ただただ深い眠りについた。

翌朝、たいへん早くに目が覚めた。空は白み、空気が凛とした晴れた朝だった。朝湯もいいが、ひとまず宿の周りを散策することにした。

宿は山の中腹にあり、小さな渓谷があるほかはただひたすら深い森と厳しい山が続くだけだ。森に入ってしまえば昼夜問わず暗いので、宿のすぐ横にある渓谷への道を歩くことにした。

アスファルトとコンクリートに慣れた私の足は、化学調味料や冷暖房やアルコールでぱんぱんに浮腫んでいたけれど、昨日の長湯で幾分すっきりした。苔むした岩の目立つ渓谷沿いの湿地を歩く。歩くというよりは、足場をしっかり、掴んで前に進む。足に指があったことを痛感する。私の身体は、このワイルドな世界に素早く対応している。

渓谷では、昨日風呂にいた老人が、天魚を釣っていた。老人は昨日とは打って変わって快活な様子で、私に話しかけてきた。天魚が釣れたので宿に戻って焼いて食べようと思うのだが、この魚籠を宿に持って帰って囲炉裏で焼いておいてくれないか、と。

私は快諾し、重みのある魚籠を持って宿へ向かった。天魚は、魚籠の中で大暴れをしているのでずいぶんと元気なようだが、これらを串刺しにして、囲炉裏で焼いて食べるなんて、考えるだけでもどきどきわくわくしてしまった。

宿に戻るとご主人が、こりゃ大漁ですなぁと、しかしあまり興味無さそうに、少しぶっきらぼうに囲炉裏の炭をごろんと転がして、そこの台所を使えと言い残して、裏の畑に行ってしまった。

私は死んだ魚を二枚におろしたりはできるけれど、こんなに元気な野生の川魚を、串に刺して焼くなんてできるのだろうか。

とりあえず、魚籠に手を伸ばし、天魚を捕まえようとしたその時、指に激痛が走った。背びれか鋭い歯なのか、なにかで指を切ってしまった。右手の人差し指に血が滲み、その指をそのまま口にくわえた。血の味がした。少し涙が出てきた。痛くて泣いたというよりは、あの静かでたくましい老人と、殺されて焼かれて食われてしまう天魚のそれぞれのエネルギーの強さに、私は怯んでしまったから、涙が出てしまった。

私はあの情けない彼氏に会いたくて仕方なくなってしまった。涙が止まらなくなった。

（2011年5月号）

54　こんにちはストレンジャー

いろんなひとのことを考える。

毎月この雑誌を発売日に買って、隅から隅まで読んでいるあなたのこと／大好きなアーティストの写真やインタビューが載っているのでなけなしのお小遣いをはたいてこの雑誌を買って、ついでにこのページを読んでいるあなたのこと／立ち読みで済ましているけど、コラムのページをなぜか熟読しているあなたのこと／たまたま初めてこの雑誌を買って初めて読んで、なんやねんこのコラムはと思っているあなたのこと……。

今日この原稿が届かないと、原稿が落ちてしまうとこだったと思いながら、今読んでくれている編集担当のあなたのこと／この雑誌に載っているので、とりあえず読んでくれている同業者のあなたのこと／音楽業界で働いているので、通例としてこのページも読んでいるあなたのこと……。

このコラムを楽しみにしてくれているあなたのこと／最近ネタ切れ気味かなと思いながらも一応読んでくれているあなたのこと／「メロン牧場」で大いに笑ったあとなのに、そのあとなぜかこれを読んでくれているあなたのこと……。

いつも読んでくれていたのに、事情があって読めなくなってしまったあなたのこと／読んでくれているかどうかはわからないが、やっぱり読んでくれていたあなたのこと……。

世の中には、このコラムを読んでくれているあなたたちだけでも、いろんなひとがいる。

あなたたち元気ですか？

元気ならよかった。そうじゃなかったら、ちょっと今は休んでください。休めないなら、できるだけ無理をしないでください。元気なら、精一杯生きて、元気じゃないひとを元気にしてあげてください。たくさん、元気のもとに出会うきっかけを作ってください。

京都は、桜が満開です。

明日桜の花びらを、よく見てみようと思っています。桜が散ったあとは、生命力あふれるみずみずしい新緑を、楽しみにしておこうと思っています。そしてそれを味方につけて、あなたたちのところへ笑顔を届けにいこうと思っています。

（2011年6月号）

くるり　岸田繁

55　拝啓、音楽ファンの皆様。

最近どんな音楽聴いてますか？　僕は素敵な音楽を、やっと聴けるようになりました。

三年くらい前からずっと、素敵な音楽を見つけられずにいました。あ、たまに素敵なのを見つけてましたが、たまたま、でした。

それは、もしかしたら、音楽がいらないくらい、違うもので満たされた世の中だったからなのかも知れません。もしくは僕が、素敵な音楽に見合う素敵な人間ではなかったからなのかも知れません。

ちいさな幸せを歌うしかありませんでした。ちいさな幸せしか見えない自分を不安に思ったりもしました。とても欲張りな僕は、欲を張り疲れていたのか、あるいは欲望の渦巻く街に疲弊していたのか、未だによくわからずにいます。

ちいさな幸せが幸せなんだと人々が気づき始めたとき、僕はそのひとたちそれぞれのちいさな幸せからこぼれる笑顔を幸せに思い、そのことを克明に心に刻まなければ、と思っています。

幸せはけっして忘れ去られはしないけど、幸せの理由はすぐに忘れてしまう。

幸せの理由を、いちばんちいさなほんとうの幸せの理由を忘れないように生きていきたいと思います。ちいさな幸せは、他の誰をも傷つけることなく、そのときその場所で宝物になるでしょう。最近ふたたび素敵な音楽を聴きました。それは、音楽ができる素晴らしい方法で、ほんのちいさな幸せのことを素敵に奏でながら歌っていました。

世の中は難しいことだらけです。音楽家である僕が、他の多くのことを考えなければならないことが多いです。でも、僕の作った音楽を聴いてくれるひとたちは、音楽家ではない。世の中の難しいことをくぐり抜けて、土や埃にまみれて、リラックスして音楽を作りたい。

音楽は、作っているときがいちばん楽しい。

泳ぐようなメロディーを、腰が砕けそうなグルーヴを、景色が見えるハーモニーそれぞれの欠片が、心の中のターミナルで混じり合ったとき、いのちが生まれる。どんなちいさなことでもそれは幸せという名前が付くのだ。

そのよろこびを伝えるために、できるだけそれを素直にかたちにしなきゃならない。こねくり回したとしても、そのときの気持ちに戻って来なけりゃならない。

幸せの理由を忘れてはならない。

（2011年7月号）

56　東中野のソムリエ

酔っぱらうとろくなことがない。

どうも、大勢で酒を飲むと勢いに任せてどんどん酒を飲んでしまう。

ちなみに、僕は家ではあまり飲みません。ひとと飲んでいても、場合にもよりますがそんなにたくさん飲みません。いや、そんなことはないか。あ、そうです。ロック・フェスとか、イベントライブとかの打ち上げで泥酔することが多いんです。僕は。しかも最悪に。

虚勢を張って、わしゃ大酒飲みじゃけんのぅ、とか言いたいわけではありません。どちらかというと酒強いほうではないので、具体的に言うと缶ビール一本でじゅうぶん酔っぱらいます。

だからといって、酒が嫌いなわけではなく、酒の席が嫌いなわけではなく、酒の肴なんてのは大好物だったりもします。大好きな酒の肴は、酒がないとおいしくないじゃありませんか。だから、飲むんです。仕方なく。

一度東京の東中野というところで、一見で入った居酒屋がありまして、見てくれは場末のきったない居酒屋、といった趣の店でしたが、どうやら日本酒に相当拘りのある店主がやっている店らしく、すいません、日本酒おすすめくださいって注文したら、どんなのがいいのと訊かれ、あ、辛口を冷やで、と注文しました。

「はぁ？」

と目えひんむいて威嚇され、お客さん、日本酒に辛口なんてないよ、などとのたまわれたので、隣にいた佐藤（相棒）がキレそうになったのを制止し、素人なので教えてくださいと、わからないので美味しいのをくださいといいました。

「これ飲んでみな」

と出てきたのはなぜかお椀。中には透明の汁と、魚の骨。いわゆる潮汁です。馬鹿にされてるのかと思ったが、飲んでみたら海原雄山なみにエクスクラメーションマークが点灯し、口の中を潤していくアミノ酸やイノシン酸に酔いしれました。匠の技にまんまと引っかかっていくことに気づかずにそれを飲み干しました。

「今どんな味の酒が欲しい？」

と訊かれ、素直に答えました。あんまりくどくなくてすっきりしていて、甘みもすっきりめな……うーん……色で言うたら薄い緑色みたいな味……わかりますかねぇ、と伝えた次の瞬間、升に入って出てきたなんとかかんとか（覚える気ゼロ）っていう酒。

生まれて初めて、日本酒、いや、アルコールを美味い、と思ったわけであります。

「この次にはまた違う味の酒が欲しくなるだろう、例えばこんなのとか」

うぉー美味い！ていうか酒の味がわかる俺いまかなりキテる。イケてる。酒にも酔うが自分にも酔う。

「なんだ、知識はないけど味覚鋭いね」

はいー！　ありがとうございますご主人！　例えば次はこんなのいってみたいと思うんですが

…………（数時間）……。

確かに日本酒は美味かった。彼は大したソムリエだ。ただ、商売人でもあった。ツンデレ喫茶じゃないか、まるで。伝票を見て驚き、次の次の日の朝まで吐き続けたのだった。

（２０１１年８月号）

57 「なおさらストレンジャー」

京都に引っ越した。ていうか、Uターンした。

放射能がこわいとか、東京が息苦しいとか、そんな理由が全くないわけではないけど、なんか京都に戻ってきた。ちなみに、京都の放射線量もそこそこ上がってきてはいるし、東京とは種類の違う息苦しさがあったりもする。

東京にはいろんなミュージシャンがたくさん住んでいて、この雑誌も渋谷で作られていて、たくさんのミュージシャンがライブツアーをするために日本全国を飛び回り、東京に帰ってくる。この雑誌は日本全国にいる読者に届き、また次の号が渋谷で作られる。

という、ついこの間まで当たり前だった我々にとっての必然は過去のものとなり、我々はツアーで日本全国を飛び回ったのち京都に帰り、雑誌の取材を受けに東京まで出て行く。そして京都に帰る。

ある1日の日記。

午前9時半起床。お仏壇に手を合わせる。朝飯におにぎりと玉子焼き、味噌汁を食べる。

午前10時半。ぬるい風呂に入りながら5分くらい寝る。

午前11時半。書き仕事をしようとするが気が散ってギターをつま弾く。

午後0時半。ギターに飽きてamazonでCDとDVDを注文する。

午後1時半。近所の駅前の喫茶店でコーヒーを飲む。喫茶店のおばちゃんにお煎餅をもらう。

午後2時。地下鉄を乗り継いでバンド練習場所へ向かう。

午後2時半。練習場所にてコーヒーを飲みながら馬鹿話で盛り上がる。

午後3時。たまに休憩を挟みながら熱心に練習したりする。煙草をたくさん吸う。

午後8時。練習場所に巨大な虫が入ってきて逃がそうと思ったらクモの巣に引っかかり、クモの餌食になる。

午後8時半。腹が減ったので練習をやめて、打ち合わせの名目で市内へ出掛けて飯を食いながら、ビールかハイボールを飲む。

午後10時半。地下鉄の駅まで歩きながら酔いを醒ます。いろんなことを考える。

午後11時半。家の近所の駅から河沿いの土手を散歩し、電話したり歌を歌ったりする。

午前0時帰宅。ブラック・レベル・モーターサイクル・クラブ、というバンドの『Baby 81』というアルバムを聴く。

午前1時。ラーメンを食いたくなり、近所でラーメンを食う。

午前1時半。歯を磨いてシャワーして寝る。

ある1日の日記。

午前10時半起床。朝飯にご飯と玉子焼き、冬瓜の炊いたん、ちりめん山椒。

午後0時。煙草を買って近所の喫茶店でアイスコーヒーを飲み、銀行でお金を下ろす。

午後1時半。地下鉄の駅で週刊誌を買い、地下鉄に乗る。

午後2時。阪急京都線に乗り換える。

午後2時半。大阪の地下鉄に乗り換える。

午後3時。大阪心斎橋のクラブクアトロに着く。

午後4時。サウンドチェックとリハーサルをする。

午後6時。楽屋でだらだらする。

午後7時。楽屋で突然コーラスの練習をする。

午後7時半。ライブを始める。なんか歌いにくい。

午後8時半。ライブが楽しい。バンドやっててよかった。

午後9時。ライブが終わる。アンコールで3曲演奏してアサヒのスーパードライを飲む。

午後10時半。メンバーとスタッフでご飯を食べにいく。馬鹿話と反省会をしながらアンケートを読む。

午前0時。電話をして、コンビニに行ってデザートを買おうと思うが、その足でラーメン屋でラーメンを食べながら今後の展開やなんや話し合ったりする。

午前1時半。大阪のホテルで就寝。

ある1日の日記。

午前10時起床。ご飯と玉子焼き、佃煮などを食べる。

午後0時。地下鉄で京都駅へ向かう。

午後1時。あまりの暑さに喫茶店に入り、冷たいカフェオレを飲み冷房に当たる。

午後2時。タクシーで寺へ向かう。

午後2時半。寺の庭が涼しいので、縁側に座ってぼーっとする。

午後4時。歩いて神社のそばの茶屋へ行き、甘味で休憩する。

午後5時。帰宅。

午後6時。夕食に鮎と唐揚げなどをいただき、日本酒を飲む。

午後10時。銭湯。

午後11時半。お仏壇に手を合わせ就寝。

（2011年9月号）

58 Tribute to summer of Kyoto

夏の日の午後。

灼けるような陽射しは西へ遠ざかり、開け放した東側の窓から緩やかに風が入ってくる。僕はただ部屋に横たわり、ぽろぽろとギターを弾いていたが手を止めた。冷蔵庫に冷やしておいた麦茶をぐいと飲み干した。

新調したステレオに携帯音楽プレイヤーをつなぎ、シャッフルモードで再生する。ハードなロックやブルースが流れてきたら嫌だなあと思っていたら、ちゃんとアコースティックなものやジャズを選んで流してくれている。気温や湿度を計る機能でも付いているのだろうか。

京都の街は盆のさなか。お墓参りに行かなきゃ。僕は12年ぶりに京都に帰ってきて、仮暮らしをしていた実家を出て新しい部屋に引っ越した。

近所の喫茶店でアイスコーヒーを飲みながら漫画を読んで時間をつぶす。そのあと、ハンガーやセロテープ、洗濯バサミなど部屋に足りないものを100円ショップで購入し、煙草を買って部屋に戻る。

東の空はぼんやりと青く、小さな綿埃のような雲が時間をかけて空に滲んでゆく。

山から聞こえる蝉時雨は収まることを知らず、小さくなったり大きくなったりを繰り返し、街のノイズにすーっと溶けてゆく。さっきの雲は三つくらいの細切れになり、飛行機雲がか細くかたちをつくり、瞬く間に消えてゆく。

スピーカーから聞こえてくるのは、彼がこの街でせっせせっせと作ったであろう音楽だった。さっきまで流れていたどんな音楽よりもこの空に馴染む。あぁ、彼の音楽は、僕の住むこの新しい部屋のための音楽だったのか。

白い部屋。群れをはぐれて飛ぶ渡り鳥。山肌にへばりついている大の字。洗濯物。お土産のマルセイバターサンド。[※1]マーチンのアコギ。[※2]

左右に振り分けられたスプラッシュ・シンバルの付点四分ディレイ。808[※3]より909[※4]に近い感覚の締まっているのに柔らかいキックの音。ディスコードしても説得力のある長いフレージング。決してフュージョンともテクノともロックともエレクトロニカとも呼ばれることのない、景色のような、胎動のような音楽。

ビートルズもベートーヴェンも忌野清志郎も大好きだけど、僕はあなたの音楽が大好きです。

あなたがたった一回きり自分自身の声で歌った、透き通るようなメロディーが流れてきた。あれを初めて聴いたのは、こんな夏の日の午後だったかしら。もし冬に聴いていたとしても、こんな夏の日みたいだったんだろう。薄青い空にはねずみ色のくじらみたいな雲がただよい、北へ北へと向かう。

あなたの住む街に僕は帰ってきた。あなたはもういないみたいだけれど、あなたの音楽は今年の夏もここにある。あなたよりずっとご年配の、近所のおじいさんがまいてる打ち水に、あなたの音楽は似ている。

僕はここにいます。あなたの音楽とともに。

（2011年10月号）

※1　マルセイバターサンド：北海道帯広市の六花亭製菓が販売している菓子。ビスケットで、ホワイトチョコレートとレーズン、バタークリームをサンドしたもの。
※2　マーチン：アメリカのギターメーカー。アコースティックギターのトップ・ブランド。
※3　808：TR-808。ローランドが1980年に発売したリズムマシン。
※4　909：TR-909。ローランドが1980年代前半に発売したドラムマシン。

59 「石、転がってなんぼやねんけど。」

ずいぶん長いこと続けさせていただいているこの連載だが、いまのところ打ち切りの話も来ないし、何年も経てようやく原稿を書くことが本格的に楽しくなって来た今日この頃である。

しかし、日々の音楽活動や激務に追われているタイミングでは、原稿上げなきゃ原稿上げなきゃ、と思うもののどうもなかなか筆が進まない。それどころか、パソコンが壊れてしまい、コンビニで原稿用紙を買ったものの結局マネージャーのパソコンを借りて書いている始末だ。

僕のやっているバンド「くるり」のHPで、「岸田日記」[※1]なるものをたまに書いているので、そこで書いていることと極力かぶらないように、毎月適当にテーマを決めて適当なことを書き続ける、それがこの「石、転がっといたらええやん。」である。タイトルも気に入っているので、同名の曲を作ったりもした（くるりのアルバム『言葉にならない、笑顔を見せてくれよ』に収録）。

ちなみに、多くのミュージシャン達が活動の必需品として活用しているTwitter[※2]は、いまのところやっていない。それは、別にTwitterが好きとか嫌いとかそういうことじゃなくて、よくわからないから、ということだと思う。

携帯電話のバッテリー部分のカバーが壊れ、ちょっとの衝撃でバッテリーが外れてしまうようになった古い機種を3年近く使っているのだが、そういうのも気にならないような人種なので、次々と出てくる新しいものに乗り遅れる傾向があるようだ。大学の時に買った最初の携帯電話（文鎮みたいにでかいサイズで、メールができなかった）なんか、8年も使った。

10桁だった携帯電話の番号が11桁に変わった時に、掛かって来た電話番号が表示されなくなった（もともと名前も表示されなかった）が、ずっと使っていた。

便利なものは世の中に溢れすぎているのかどうなのか、ほんとのところよくわからない。100円均一のスーパーなんかに行くと、買う買わないは別として、コレは便利そうだアレも便利そうだと感心するばかりである。

ドクター・中松氏[※3]が、手のひらサイズのクーラーを発明した、というほんとか嘘かわからないような話を聞いたが、凄い話だ。

全く話は変わるのだが、こんな性格なので、身だしなみ、特にヘアスタイルをセットしたり、新しい髪型の計画を立てたりすることが苦手である。

最近京都に引っ越したので、新しい美容院に通っているのだが、無難な髪型にしてください、と言っていたら怪訝そうな顔をされたが、髪を乾かしてワックスでしっかりセットしてくれた。その後、髪の毛をしっかりセットするなんてこともなく、ある日その美容師がライブを観に来てくれた。

美容師は、「俺はそんな角刈りみたいな髪型にはしてないよ」「新生くるりに相応しいヘアスタイルにしたほうがいいですよ」とせっかく切ってもらったのに俺の体たらくでダッサダサになってしまった髪型を見て言っていたので、再びその美容院に行った時に、必ず毎日ワックスを付けたくなる髪型にしようと言われ、まるで80~90年代のビートパンクの人のような髪型にされた。

彼は腕がよく、散髪後一ケ月経ってからも丁寧な仕事っぷりがわかるくらいヘアスタイリングに命をかけていることがよくわかったので、生まれて初めて散髪後3週間、毎日ギャツビーを欠かさなかったのである。

（2011年11月号）

※1　岸田日記：くるりオフィシャルサイト内の著者によるブログ。
※2　Twitter：2012年7月より行っている。
※3　ドクター・中松：中松義郎。発明家、実業家。

60 パソコンと油揚げと日帰り出張

パソコンを購入した。

前のパソコンは5年ほど前に購入したものだったので、まだまだ新しいと思っていたら、マネージャーに「もうそれだいぶ古いので、買い替えの時期でちょうどいいじゃないですか」と言われた。パソコンというものの耐用年数に対する感覚に相当ずれがある。でも、多分マネージャーの言っていることが正しいんだろう。でも、なんか腑に落ちない。

新しいパソコンはヨックモック[※1]のラングドシャ・クッキーのように薄べったく、ＣＤやＤＶＤを挿入することができないやつである。なんで挿入できないのか、とパソコン屋の店員に訊いたら、「今は全部データで、ネットワーク上で何でもできる時代なので、これからはそうなっていきますよ」と言われた。

できるだけ長く使いたいので、最新型の、そのヨックモックみたいなやつを購入した。そして、最近引っ越したこともあり、家にネットを引くために、申し込みを試みる。

有線ＬＡＮが使えないタイプのパソコンなので、光なんとかを引く契約をしようとするが、どこの誰に頼めばいいのかよくわからないので、友達に相談した。NTTに電話したらすぐやってくれる、と言われた。

NTTに電話したら、オペレーターのお姉さんが応対してくれた。お姉さんはマニュアル通りの応対をしているようだが、多分そのマニュアルがよろしくないのだろう。専門用語を連発される上、訳のわからない料金システムがいくつもあり、それぞれ課金されるということと、なんたら倶楽部に入会が必須である、など、回りくどく説明することにより金を儲けようとする魂胆が丸見えで、気分が悪くなった。あと、工事の日程の相談をしたところ、こちらの希望が全く通らない勝手な日程を出されたので、いい加減頭に来て、お姉さんには悪かったが、もうやめるんでいいです、といって電話を切った。

ネットがないと不便だが、マネージャーもいるし、まぁいいかと思っている。パソコン買わなきゃよかった。

防災対策上、ネットつながると便利だろうけど、とりあえず近隣と仲良くなることを最近頑張っているので、いざというときはそっちのネットワークを生かせることを祈る。

腹が減ったので、飯でも作ろうと近所の豆腐屋に油揚げを買いにいった。このお店のお豆腐は大変おいしいのだが、若夫婦が営んでおり、豆腐屋さんには珍しく朝が遅い。

おそらく、製法も昔ながら、添加物もなし、にがりの味がしないので相当手のかかる製法なのであろう。当然、お揚げさんは抜群に美味い。何に入れても美味い。ただ、この店、営業時間がまちまちで、準備中のことが多いのだ。この日も、準備中だったので、あきらめようとしていたら店員さんが外に出てきて、あと10分で出来上がります、ちょっと待っててください、と言われた。

土鍋のご飯を火にかけていたので、すぐに戻りたかったのだが、どうしても油揚げが欲しかったので、少し待った。結局20分待たされ、アツアツのお揚げさんを購入した。営業時間を訊いても、だいたい◯◯時くらいから、と言われた。少しうんざりしたが、たいそう美味いので、その分で帳消しだと思うと気分はさほど悪くない。

炊飯器がなく、土鍋でご飯を炊いているのだが、これがまた美味しい。サバ節で取った出し汁に醤油とみりん少し、日本酒をたっぷり加え、さっき買った油揚げを強火で短時間煮る。溶き玉子と九条ネギを鍋に入れさっと綴じて、炊きたてのご飯にどさっと乗せる。衣笠丼のでき上がりである。

腹ごなしをして、午後からは東京日帰り出張である。もう慣れっこだが、最近の東京日帰りはちょっと疲れがくる。京都から東京まで新幹線で片道2時間18分。

自分が東京に住んでいたときは、日本のすべての物事が東京中心の考え方だから、それで当たり前だし意識もしなかった。住んでたときはそれでよかったけど、今は様子が少し違う。すごく歪に感じる。多分震災があったからだ。

電車の外された蛍光灯や、3・11以降時代遅れになってしまったいくつものモノゴトたちが居心地悪そうにしているので、空気が重い。

多くの被災地を抱える日本を背負って立たなくてはいけない日本の首都、東京は、飽和し溢れかえる様々なモノゴトがぶら下った、その図体のデカさで、後ろ向き日本経済のいろんな責任感を、汚れたスポンジのような身体に染み込ませながら、ゴジラのようにノッシ、ノッシと歩いているように見えた。僕の住んでいた街、東京はそんな街だ。首都高速も八重洲口も、なんだか感情がないかのように冷徹だった。

東京に住んでいたときにあまり行くことがなかった、巣鴨に行ってみたい。あと、久しぶりに原宿で買い物をして下北で飲んで、秋の高尾山に登ったりしたい。神田でそばを食べて、上野発の夜行列車で青森まで行きたい。

（2011年12月号）

※1　ヨックモック：葉巻状クッキー「シガール」を代表商品とする洋菓子製造販売会社。

61　小学生の頃の作文のはなし。

「将来の夢」の定番と言えば、今も昔も変わらず、お花屋さん、とかケーキ屋さんなんだろうか。パティシエか。ショコラッティエとか？　お嫁さんとか？

Jリーグの選手もまだ多いんだろうか。プロ野球選手はどうだろう。関取は少なそうだな。あとはなんだろう。宇宙飛行士とかどうなんだろう。お医者さんとか？　モバゲー[※1]とか？

ロックンローラー、というのは少ないだろうな。まぁ、なりたくてなってる人も案外少ないような気もするし。あ、やっぱりＡＫＢ48がいちばん人気だろう。絶対そうだ。光GENJIよりもモーニング娘。よりも絶対的だろう。

ちなみに、わたしの将来の夢も、大変絶対的なものだった。ただ、残念ながら叶わなかった。

コモド島というインドネシアの小島に棲む、世界最大のトカゲ、コモドオオトカゲ。

全長3メートルでトカゲ類では2位（1位はハナブトオオトカゲ）、体重はトカゲ類最重、強力な顎と長いしっぽで大型哺乳類を襲い、捕食する。食物連鎖の頂点に立つ、コモド島で唯一の大型肉食動物である。

藪でじっと獲物を待ち伏せ、まずは強力な顎で獲物に噛み付き、猛毒を注入する。暴れる獲物はしっぽでぶん殴り動きを止める。それでも逃走する獲物は執拗に追い回す。先端が二股に分かれた舌で血の匂いを嗅ぎ分け、恐るべきスピードで追跡する。樹上でも水中でもお構いなしだ。

命からがら逃走した獲物も出血性の毒で弱り、息も絶え絶えになったところで彼らに命を捧げることになる。実際、コモド島に棲んでいた小型のゾウは、彼らによって絶滅に追い込まれたという。

子供心に、こんな最強（最凶、最狂）の生き物はいないと確信し、わたしはプロ野球選手よりも弁護士よりもウルトラマンよりも仮面ライダーよりも、コモドオオトカゲになるしかないと強く思ったのだ。

鏡にうつる自分は、コモドオオトカゲの容姿とはほど遠く、落ち込んだ。まずは牛乳をたくさん飲んで3メートルの体長を確保するべく努力した。後は、強靭な身体づくりのために、できるだけ食性を彼らとそろえるべく、飼育下での食事（合挽き肉、鶏肉、玉子など）を母親に毎日おねだりしたりした。

ウロコがないのも絶望的だった。とにかく毎日念じたり、歩き方を真似たりして生えてくるのを待っていたが、いっこうに生えてこなかったのでボールペンで描いてみたりした。

鼻でにおいを嗅ぐのではなく、上顎にあるヤコブソン器官というところで、舌の出し入れによってにおいを察知するらしいので、とにかく普段からそれを心がけ、自分にヤコブソン器官があるのかどうかはわからなかったが、一日中舌を出し入れしていた。

爪を伸ばし、しっぽが生えるように尾てい骨を引っ張ってみたりもしていたが、さすがにしっぽは生えてはこなかった。

最近の研究で顎に毒腺があることが発見されたのだが、当時は有毒バクテリアが口腔内に繁殖しているため、噛み付かれた獲物が弱る、と言われていた。なので親に叱られながらも極力歯磨きを避け、有毒バクテリアの繁殖をイメージしながら弟に噛み付いたりしていた。すまん、弟。

泳ぎと木登りも頑張った。それは、その後も役に立った。

（２０１２年１月号）

※1　モバゲー：ＰＣで遊べるゲーム＆ＳＮＳサイト。

62　韓国での話

仁川国際空港を降りて、タクシーでソウル市街へ向かう。

先進国の空港とそのまわりは世界中どこの都市でも同じようなもんだけど、韓国人と日本人の顔や雰囲気の違いを掴むまで、少し時間がかかる。羽田や関空と錯覚する景色、雰囲気。

車は右側通行だからタクシーもバスも右から乗る。高速道路を走りながら、緑色の道路標識のハングル文字を眺める。青い標識は、日本特有のものなのだろうか。外国はだいたい緑色のような気がする。

右側に海が見えたと思ったら、左側も海だ。くすんだ寒空の下、海は薄い群青色。この色はなんだか僕がずっと昔から知っていた色だった。でも、日本で見たことない色だった。

海を渡り、ソウル近郊に入ったところで、あぁ、これは大陸だ、と錯覚する。日本と似ているかのような、韓国のイメージはずいぶん日本と違う。自然物の雰囲気、つまり空とか岩とか地面とかが、なだらかに大きい印象だ。

漢江、という大きな川を渡る。この川は以前洪水で溢れかえっていたときに渡ったことがあるけど、ほんとうに大きい川に大きい橋が架かっている。日本では見たことのない川と橋だ。

美空ひばりの歌う〝川の流れのように〟が、とてもエキゾチックに響き、何だか僕は日本に帰れないんじゃないかと少し不安になるくらい、ゆるやかに大きく流れている川だった。

ソウル市街は、一昔前の東京や名古屋なんかみたいに、エネルギッシュで少しくすぐったい感じがする。

弘大という学生街の盛り場を歩く。どこだろう、いつだろう、なんかこの感じ覚えてるような気がする。

僕がバンドでメジャー・デビューした1998年頃の、ビクターのスタッフに飲みに連れていってもらった原宿のバーや、そのスタッフたちの笑顔やエネルギッシュさを思い出した。なんだかそんなムードを持った、不思議な街だった。

街を行く若者たちを眺める。男は髪型に工夫を凝らしている。時間をかけてセットしているような、そんな若者が日本より多い気がする。女は整形しているのかどうかは気にせず見ようとは思うが、そんな目で女性を見るのもどうかと思うので気が引ける。

いずれにせよ、表情が皆明るく見えるというか、無垢に見えるので悪い気がしない。日本人との共通項や表情や、いろんな表現を探したりして愛くるしい気持ちになったりすればするほど、僕たちの住む日本は大きく変わったんだと実感する。涙が出そうになる。

彼らは3月11日のことを気にかけていた。もちろん、当時のニュースからはずいぶん時間が経っているから、彼らなりの距離感を持っている。ただ、ちゃんと話を聞いて、心を受け止めてくれる。

栗で作られているというマッコリを飲む。

ほんのり甘い、という表現も、日本と少し違うのでこれまたエキゾチックでよろしい。ほんのりと酔っぱらう。ほろ酔い、とも少し違う。キムチを食いながら飲むのも、また一興であった。

（2012年2月号）

63 雑記

昨年三月に起きた東日本大震災での地震による津波は、東北地方太平洋沿岸の街や漁村を襲い、多くの地域に壊滅的被害を与えた。

被災者たちにとっては、この一文はざっくりと自分たちの置かれている状況を説明するものであり、それは、その地域ごとの被害の状態や、被災した人たちあるいは自治体それぞれの現実を伝え得るものではない。

政治的な要素が「復興」の二文字を具体的にどう形づくっていくのか、という地域単位の課題、そして何よりも、生活を破壊されたことによるやり場のない悲しみを、いったい何をもってカバーしていくのか、それを考えることは、国民の義務ではないのかも知れないけれど、ただバンドをやっている僕や、ただ音楽雑誌を読んでいるあなたにとっても、これから先生きていくうえでの大きなテーマである。

ひとりでは解決できない問題というものは、生まれてから死ぬまでつきまとうものだ。

ミルクがほしい。おむつを換えてほしい。言葉を教えてほしい。オモチャがほしい。奪われたオモチャを取り返してほしい。ケンカに勝つ方法を教えてほしい。人に愛される方法を教えてほしい。

親や友達や、学校の先生が教えてくれたことで、それらを理解する。そしてそれを糧に人は成長し、また新たな問題を生み出す。

ミルクを与えるためにはどのようにすればいいのか、どんなオムツがいちばんいいのか、うちの子にどう育ってほしいのか、人を愛するというのはどういうことなのか。

求められる、栄養価が高くてコストパフォーマンスに優れている粉ミルクを、この社会状況でどう売るのがいいのか、非常時に略奪が起こらなかったと世界世論に賞賛された日本人の、外交での腰の引けっぷりは何に起因するのか、震災によって何が壊され、何を生むべきなのか、自分たちは何に生かされ、何に殺されているのか。

僕がこの雑稿を書いている理由は、これから社会に羽ばたいてゆく若者たちに読んでほしいに他ない。

若者たちは、ロック音楽に心を揺さぶられる特権を持った世代である。そんなロック音楽を作り出すミュージシャンたちは、若者たちに希望を与え、時が経ち、成長した若者がそのロック音楽を糧に自分のロックを胸に刻み、逞しく生きていることがミュージシャンたちの心の支えになっているのだ。

（2012年3月号）

64 最強のイントロ

イントロで持っていかれる、という表現がありますが、いいイントロに耳を奪われ、その曲や歌がいいと、一瞬でその曲のことを好きになります。

世の中にはいっぱい、最高のイントロがあるけれども、長ったらしいイントロや思わせぶりな前ふりよりも、エレキギターの音一発で決まるイントロが好き。

THE BEATLESの〝A HARD DAY'S NIGHT〟[※1]、小田和正の〝ラブ・ストーリーは突然に〟[※2]の二曲に尽きる。

ちなみに、〝A HARD DAY'S NIGHT〟はギターのコードを白玉（全音符のこと）打ちっ放しで、シンプルでええわー、と思ってたけど、あのコード、何度耳コピで挑戦してもあんな風には鳴らないのです。

苦心の末編み出した、D7の11th（僕の押さえ方では一弦から3．1．2．0．×．×）が近いような気がするけど、オリジナルには程遠い。

ずっと謎のまま、時は過ぎ僕はプロミュージシャンになり、えらそーにギターのことや和声のことを酔っ払っては同業者に語ったり、ウィーンの一流演奏家たちと複雑なアンサンブルを楽しんでいたわけだ。

でも、あのコード一発の謎は一向に謎のままだった。テンション（基音に対して短七度から奇数で積み上げられる倍音）の数字が多かろうが、代理コードやスケール外し（ややこしいので説明省略）を理解しようが、あのコードだけはダ・ヴィンチなみに解けないコードだったわけだ。

ギターは小さなオーケストラ、とは世界三大ギタリストのひとり、ジミー・ペイジ[※3]の名言だが、工夫さえすれば、いろいろなハーモニーやリズムを叩き出すことができる楽器なのである。

六本の弦を、どう使うかによって、同じ音が一音しか出せない鍵盤楽器と違って、同じ音を使って不思議な響きを持たせることなんかもできる。もちろん、鍵盤にしかできないこともたくさんあるのだが。

〝A HARD DAY'S NIGHT〟のコードがわからない。聴いてて最高なんやけどわからない。

ある日、京都のスタジオで、同級生のオーナーが、おもろい音源あんねん、みたいな感じでとあるラジオ・ショウを聴かせてくれた。

みんながどうしても知りたがっていた、あの曲のイントロのコードの謎についてだった。

著作権などの権利に触れるとあれなんで、ここで具体的な記述は避けるが、こんな感じだった。

ポールはベースでどこどこの音を弾いています。ジョンは12弦ギターにカポタストをはめ、こんなフォームでなになにを弾いています。そしてジョージはなんとこんなコードを弾いています。さあ、同時に鳴らしてみましょう、準備はいいですか、せーの……

ちゃ～ん‼

感極まった司会者は大興奮、会場は拍手喝栄の嵐。

ギター一本だと思っていたら、三人によるアンサンブルやったのね。しかもかなりの頭脳プレイ。よく思いついたな、ていうか、仲良くないとできないや。何がって？　バンドだよ。

バンド頑張ろう、と思った。

（2012年4月号）

※1 〝A HARD DAY'S NIGHT〟：ビートルズが1964年に発表した7枚目のオリジナル・シングル。

※2 〝ラブ・ストーリーは突然に〟：小田和正が1991年に発表した6枚目のシングル収録曲。フジテレビ系月9ドラマ『東京ラブストーリー』の主題歌。

※3 ジミー・ペイジ：イギリスのロックギタリストで、レッド・ツェッペリンのメンバー。

65　食のセレブリティー

私は関西人だが、納豆が大好物である。

関西人に納豆嫌いが多いというのが通説だが、関西の中でも兵庫と和歌山には納豆嫌いが多いと聞く。

京都や滋賀では、納豆は人々の食生活にしっかり根付いている。京都には「牛若納豆」という地元メーカーの納豆や、アニメでも有名な一休和尚が好んだと言われる「大徳寺納豆」という納豆の原型のような珍味などもある。滋賀では、「納豆餅」を作ることが年中行事のひとつとして根付いているほどだ。

本題に入ろう。

納豆は漬け物やチーズと同じ、いわゆる発酵食品である。納豆菌によって大豆が化学変化し、独自の味わいや栄養素を持つ食品が納豆である。

ヨーグルトは牛乳が乳酸菌によって発酵したものであり、アジの干物なんかもまた、乾燥させることによって発酵させたものである。

納豆好きの私は、納豆のことを臭いと思ったことは一度もない。靴下から納豆のような臭いがして、臭いと思ったことはあるが、納豆とはごく自然に付き合っている。

フランス産の山羊の乳から作り、強烈に発酵させたようなチーズを最初に食べたときは、臭いと思った。でも、すぐに慣れ、今では臭くないチーズに興味はない。納豆もチーズも、その臭いは食欲のほうに働きかける。

アジの刺身はたいへん美味しい。焼いたアジも本当に美味しい。でも、何故か一夜干しにしたアジが、あらゆるアジの食べ方の中で一番美味しいと思っている。やはり発酵しているほうがいいのだ。

さて、今度こそ本題に入ろう。

発酵その①「シュールストレミング」

世界で最も臭く、その臭いをまともに嗅いだ人間は気絶するというスウェーデンの「シュールストレミング」という発酵ニシンの缶詰を食べてみた。

屋内では危険なので開けないで下さい、と注意書きのある缶詰はガスでぱんぱんに膨らんでいる。

缶切りで開けると、強烈な硫化水素臭で視界が遮られる。第一印象は、毒性のある劇物。食べ物なのに。

生魚の状態で発酵しているので、噛み切るのもたいへんだ。あと、数の子が入っているので、口の中に臭いの元が分散する。強烈な硫化水素臭が収まったあとすぐに、全く別のつーんとした臭いに襲われる。漢字一文字でその臭いを表すなら「恥」。

結果、あまりにも臭すぎて、どんな味わいの食べ物かもわからなかった。今のところ、「嫌いな食べ物」はこのシュールストレミングだけである。

発酵その②「臭豆腐」

台湾や上海などの露店で売られているなんともダイレクトなネーミングのこれだが、粗悪品に当たるとえらいことになる。もともとは豆腐を泥水の中に石灰や二枚貝の死骸と一緒に漬け、発酵させたものらしいが、発酵を早めるために人糞を添加している業者もいるというニュースを、初めてこれを食った直後にYahoo!ニュースで見た。

油で揚げた臭豆腐や、鍋の中で煮込んだ臭豆腐はその真価を発揮する。臭いはどういう観点で嗅いだとしても人糞の臭いであり、辛うじて口の中に入れると、まるで歯槽膿漏のような腐敗臭に発展する。

何時間もかけて食べたので、嗅覚や倫理観は麻痺していき、だんだん味がするようになってきた。味わいは、悪くはなかった。ただし、翌日のうんこが、とてもうんこ臭かった。

発酵その③「ホンオフェ」

スウェーデンのシュールストレミングに次ぐ臭さと評判の、韓国伝統の発酵食品が、「ホンオフェ」である。エイの一種、ガンギエイを放置するとアンモニアが発生し、発酵する。それを刺身で食べたり、キムチとゆで豚と一緒に食べたりする。

前評判では、真夏、公園にある公衆便所の排水溝にたまったトイレットペーパーの束を食べているような感覚と聞いていたので、期待と不安が入り交じるなか、ホンオフェ刺身を注文した。

一見、普通の刺身にも見えるそれは、鼻を近づけてにおいを嗅がないとわからないくらい、見た目のインパクトに欠ける皿だった。

鼻を近づけると、強烈なアンモニア臭に頭がくらくらしたが、思い切って口に入れてみた。

口に入れた直後からたいへん味わい深く、軽い発酵臭は逆に食欲を増進させるほどだった。硬い骨も多いので、口の中でぐちゅぐちゅ噛んでいると、刺激的なアンモニア臭が鼻に抜け、一瞬ひるみそうになる。トイレというよりは、髪の毛のブリーチ液なんかに近い刺激臭だ。

ただ、不思議なことに、一枚食べ終わり、マッコリという甘いお酒を一口いただくと、二枚目が欲しくなり、箸がどんどん進んだ。ワインとチーズのような関係なんだろうか。一気に好きな発酵食の仲間入りを果たした。また、3年漬け込んでこれまた刺激臭のする白菜のキムチとの相性もばっちりだ。

同行した韓国のレコーディング・エンジニアが、これは選ばれた人間だけが好んで食べる、いわゆる食のセレブリティーだ、と言っていた。

次はアラスカの「キビヤック」に挑戦したい。

（2012年5月号）

66 きしだ近況

ネタがないので（ていうか忙しいので）、レコーディング日記のようなもの。

くるり次作に向けて、メンバー加入→ツアー→メンバー脱退を経て、4人のメンバー、そしてドラマーあらきゆうこと曲作りを開始したのが2011年12月頃。

京都市某所にあるメンバー吉田省念の自宅兼スタジオで軽くセッションを繰り返す。曲のベーシック・アイデアをバンド全員で作り出す作業。京都のバンドらしくゆったりと。近所の神社にお参りしたり、古いレコードや蓄音機を聴いたり、コーヒーを飲んだりしながら。

年末から年始にかけて、京都市中京区にあるSTUDIO SIMPO[※1]（前作『言葉にならない、笑顔を見せてくれよ』でも使った小さなスタジオ）でプリ・プロダクションを繰り返す。その間、韓国はソウルに赴きスタジオの見学をしたりしながら、引き続き曲作り。引きこもり気味に作業。

タイアップの話があったので、それ用の楽曲を作りながらも、次作のキーになる楽曲を絞り込み、メンバー4人で歌詞を一緒に書いたりする。

それらの作業の中で、石巻の被災者の方々の手記を歌詞にまとめ上げた〝石巻復興節〟[※2]の録音を、憧れの細野晴臣さんと共に行い、それを持って2月に現地に赴く。被災地の方々のあたたかいメッセージを胸に、アルバム曲のレコーディングのため韓国へ向かう。

韓国でのレコーディングはスタジオ2ケ所でおこなう。アナログ・テープでドラムやベース、ギターなどを録音。新入りのメンバー2人を従えての初のレコーディングなので、様々な壁にぶち当たるのも当然だが、粘り強く根気強く作業。京都のバンドらしくないけれど、熱血というか、体育会的なノリで頑張る。

レコーディングと並行して収録予定曲の歌詞をどんどん書き上げる。そして20曲近い候補曲をひとつひとつ片付けていく。エネルギッシュな韓国ならではの土地のインスピレーションが、作品に大きな影響を及ぼしているような気がする。

3月半ば、帰国。引き続き東京でレコーディング。ダビングや歌入れ、録り残した曲の録音などで、休みがまったくない。一度だけ花見をする。

個人的な作業では、歌う以外に、フェンダー・テレキャスター、ギブソン・SGとVOXのAC30の組み合わせで弾くエレキ・ギター、最近買ったTAYLORのアコースティックギター、キーボードやアイリッシュ・ブズーキ（大型のマンドリンのような楽器）、ハルモニウムというインドのオルガンから、楽器以外の携帯アプリや空き缶を投げつける音なんかも録音している。

新メンバーのファンファンはトランペット以外にピアノも弾いている。あと、歌ったりナレーションのようなものも録音した。同じく新メンバーの吉田省念はギター以外にバンジョー[※3]やチェロ[※4]もプレイしている。ベースの佐藤はコントラバスも録音し、自作の曲では歌も歌う予定である。あらきゆうこは素晴らしいドラムをプレイしてくれた。元サポートドラマー、Boboはプロデューサーとしてバンドをサポート。

音楽的に語るならば「くるり」は元来、ロックンロールや古いリズム・アンド・ブルース、サイケやフォークなどに大きく影響を受け、民俗音楽や古典音楽、音楽以外の芸術の手法も用いながら、模倣にも近いくらいの塩梅でオルタナティブ・ロックサウンドに落とし込むスタイルを信条とするバンドである。

バンドの歴史と共に音楽的変遷を語られることが多いくるりだが、手法や哲学は今に至るまで全く変わってはいない。

音楽漬けの毎日だが、そういった感覚を久しぶりに感じている。普段接する音楽と自分たちとの距離が遠ざかれば、おのずと生活の匂いに近い緩やかなサウンドになる。ここ3年ほどのくるりはそういう雰囲気だったように思う。次作は、新しいフェイズに突入している気がする。音楽漬けである。

話を戻そう。

今回のレコーディング（曲作りではなく）で個人的に影響を受けているものたち。

①韓国料理そして香辛料がもたらす心身の興奮状態

②２０１２年東京での桜

③石巻をはじめとした東日本大震災がきっかけで出会った人たちと日本全体のムード

④石井ゆかり[※5]の占い

⑤落合博満[※6]の著書『采配』

⑥FOO FIGHTERSの新しいアルバム

⑦iPhone

⑧新しいメンバーたちと、その加入によってなんらかの変化が起こった佐藤　（2012年6月号）

※1　STUDIO SIMPO：著者の盟友・小泉大輔氏が2009年に設立したレコーディングスタジオ。

※2　石巻復興節：2011年10月に放送されたTV番組の企画で石川さゆりから依頼を受けたくるりが、石巻で暮らす人々の言葉を紡ぎ節をつけ、石巻に届けた曲。

※3　バンジョー：アフリカの弦楽器が基。アメリカにおいてアフリカのいくつかの楽器の特徴を取り入れて生み出した撥弦楽器。

※4　チェロ：ヴァイオリン属の低音弦楽器。

※5　石井ゆかり：占星術師、著作家。

※6　落合博満：元プロ野球選手。2013年シーズンオフから2017年1月までは中日ドラゴンズのゼネラルマネージャー。『采配』は2011年に発売された10年ぶりの書き下ろし著書。

67　プロに学ぶ

落合博満の著書『采配』と、落合監督下の中日ドラゴンズでヘッドコーチを務めた森繁和[※1]の著書『参謀』は、セットで読むと人生が変わる。

どちらも元々野球好きというよりはビジネスマン向けのエッセイ本だが、JAPAN読者は勿論、編集部員の方々や我々ミュージシャン、音楽業界に身を置くすべての人たちこそ読むべきだと思った。

プロスポーツの世界は我々一般人をいつの時代も魅了し、時には勇気を与え得る。

憧れやサイドビジネス、時代に合った哲学をも作る一方で、現場サイド、つまり選手たちやベンチの人たちは、ひとつの会社やプロジェクトチーム、ワークショップと同じように、結果がすべての厳しい世界である。

落合監督が率いた中日ドラゴンズは、常勝集団であり、マネジメントのゆき届いた素晴らしいチームだった。

著書の中ではその理由や、当時知る術のなかった裏事情なんかにもわかりやすく触れている。完全試合目前の記録がかかった試合で、記録のかかったピッチャーが交代させられ、ファンのみならず周囲に波紋を呼んだ采配についてや、内野守備のスペシャリスト同士のコンバートについてなど、読んでもらわないと分からないが、そこには生きるヒントのようなものが沢山詰まっている。

つい先日、とある同世代のミュージシャンと初めて酒を酌み交わしたときの話。そのミュージシャンは、震災や亡国とおぼしきこの国を憂いながら、ミュージシャンとして何ができるか、という今どんなミュージシャンの前にも立ちはだかる大きなテーマに真正面から立ち向かい、とても輝かしい顔をしていた。

僕は彼のその雰囲気や人柄に感銘をおぼえ、少し勇気がでた。

ミュージシャンとして何ができるか、リスナーとして何ができるか、会社員として、学生として、ニートとして、オカンとして、被災者として、何ができるか。

何でもできるし、やるべきときである。

それは被災地ボランティアやチャリティー・ライブや、デモや募金なんかもそうである。

もっと具体的に言えば、あなたがやるべき仕事や恋や、親の介護や、なるべき、あるべきあなたのライフワークを、まっとうすることのマネジメント方法の確立である。そこであなたが得た経験値は、人々の勇気に変わり得るのである。

うまくいってる企業や野球選手には、その理由がある。ひとはそれを時代だとか運だとか、そういうことを簡単に口にする。

それは、意地の悪い言い方をすると、原発事故は運だとか、この日本の状況が時代の流れだとか言っているのと変わらない。

成功者に見えるひとたちは、時代や運を、うまくマネジメントし活用したのだ。そこを知ると、なにが生まれるかというと、勇気が生まれる。この雑誌の表紙を飾っているミュージシャンの顔は、みな勇気に満ち溢れている。

絆、は勇気を知ることで、それを共有することでしか生まれないものだ。

自分と、その周囲のマネジメントに留意することが、危機的状況においての思いやりや、立ち回りを作り上げるのだ。二冊の本を読みながら、そんなことを考えた。

我々ミュージシャンも、そうあらねばならないと強く思った。

（2012年7月号）

※1　森繁和：元プロ野球選手。2017年シーズンより中日ドラゴンズの監督を務める。2012年に著書『参謀』を発売。

68　無題

カタチだけの「脱原発」からの卒業をすべきタイミングである。

私が生まれた1970年代後半、世間はオイルショックだったと聞く。石油が無くなると大騒ぎになり、一時的なパニックと不況を巻き起こした。

一体何に石油が使われているのかとか、石油はどこで採れるのかとか、どこから買っていてなぜ買えなくなるのかとか、そういう具体的要素を人は考えないまま、うやむやに好景気の時代へと突入したらしい。

それから三十余年経ち、大地震と大津波はその後の日本が抱えていた多くの問題を浮き彫りにした。高齢化、人口の一極集中、官僚主導の政治、危機管理能力の低下、外交問題などなど他にもたくさん。

もちろん、思いやりを育む文化、地域のコミュニティの作り方、医療技術の進歩、職人気質、スマートフォンなどの普及による情報発信、受信能力の向上など、素晴らしい点もたくさん浮き彫りになったのだが。

震災が我々に与えたミッションは数多い。それは震災で傷ついた人々の心を癒すことのみならず、先述した様々な問題に向き合い、いかに具体的に、誠実に解決への糸口を探すかということに尽きる。

巷に横行する「脱原発」というキーワードは、福島第一原発がダメになるずっと前から、一部の人々によって叫ばれてきていたオピニオンである。だが、震災後のそれは、感情論や、より多種多様なものの考え方や、逆に無知が絡むとても厄介なものでもある。

世論調査でも、世間感情でも、「脱原発」に向かうのは至極当然の流れであり、ミュージシャンで原発賛成などと言っている奴を、私は見たことがない。それはそれでおかしなものだ。必ず、原発関連で食べているコミュニティで育った奴だっているはずだ。

ミュージシャンは政治家ではないので、私も含めてやはり知識は浅はかだし、簡単に「脱原発」を説いた挙げ句、たくさん電力を消費する巨大ライブを平気で行ったりするサイテーな奴らなのだ。

それはさておき本当にいけないのは、簡単に「脱原発」を説きながらでしか世間に媚を売ることができない馬鹿で低能なミュージシャンが慢心したまま金と名誉を得ることで、公害である。

私は、福島第一原発が爆発した当日、あらかじめスケジュールの決まっていた京都での10-FEETとのライブを決行した。理由は明確である。紛れもなく自分の仕事はミュージシャンであり、お金を払って音楽を聴きにきたリスナーの前でパフォーマンスをする他にできることなどなに一つないからだ。私が会社員なら仕事をするし、学生なら勉強する。

10-FEETがたくさんの知恵を絞ってくれたこともあり、その時わかる範囲のいろいろなことを考慮し、電力を消費するＰＡスピーカー、アンプ類、照明システム、マイクなどを使わずに、お客さんを座らせ、生音だけでライブをやった。あのラウドな10-FEETもだ。

私たちはプロのミュージシャンなので、それぐらい屁でもないのだ。しかもロック・ミュージシャンだから、逆境を糧にするのだ。

「脱原発」への道程は長いのだ。なぜそこに向かうかって？

新しくてワクワクするからに決まってるじゃないか‼

（２０１２年8月号）

69　脱原発のすすめ

この話はフィクションです。

わたしの家族は、働き者のお父さんと、やさしいお母さん、そして、お父さんの会社で、この春から働き始めた兄とわたしの四人家族です。

お父さんはしつけに厳しくて、わんぱくだった兄に、勉強嫌いのわたしに、たくさん勉強していい大学に入れ、といつも口ぐせのように言っていました。兄もわたしも、それが嫌で仕方なかったのだけれど、お父さんは、わたしたちがしっかり育つように、素敵なお家を建ててくれました。かわいいお洋服も、素敵なピアノも買ってくれました。ケータイはなかなか持たせてくれなかったけれど、受験が終わってから、いちばん新しいやつをプレゼントしてくれました。お父さんはいつも夜遅くに帰って来て、白くなった頭と疲れた背中を見ると涙が出そうになったりもするけれど、まだまだ頑張って働いてくれています。

お母さんはわたしたち兄妹のことをいつも心配そうに見守りながらも、新築のマイホームに移ってからはいつもご機嫌で、わたしたちはもちろん、働き者のお父さんにもとてもやさしいです。家計のやり繰りもしっかりしてくれただろうと思います。わたしたち兄妹をとてもいい大学に行かせてくれました。

兄は立派に働き始め、わたしはまだひよっこだけど、大学に行きながら資格を取るために勉強をして、将来のことについて考えたりしています。今はまだやりたいこととかはっきりしないけれど、わたしたちを大きく育ててくれた両親に、いつかちゃんと親孝行ができるようにならなきゃ、と思っています。

「お父さんは原子力ムラで働いています」

ここまではフィクションです。

こんな思いつきのような駄文を書いておいて何だが、この彼女に脱原発の必要性を説くにはどうすればいいだろう。もし彼女が自分の大事な友人だったら、自分の部下だったら、自分の恋人だったら……。

いろんなロック・ミュージシャンがそれぞれ、様々な方法で脱原発のメッセージを説き始めている。

知らなければいけないこと、学ばなければいけないことが多いようだ。

原子力発電の仕組み、原発の立地自治体における雇用や政治のこと、日本の法律、ウクライナやベラルーシの現状、再生可能エネルギーのこと、核燃料サイクルのこと、再処理施設のこと、警戒区域のこと、福島県や福井県の地層のこと、プルサーマル[※1]、もんじゅ[※2]……日本のエネルギー革命の歴史、戦後文化と団塊の世代がもたらしたもの、ここ最近の外交のあれこれ、民主党政権、経団連、マスコミと情報操作、ツイッターデモ……放射線についての基礎知識、自然放射線、放射性物質のもたらす健康被害、ガイガー・カウンターやホール・ボディ・カウンター[※3]のこと、食品と内部被曝の関係性、フクイチ4号機、原子そのものの存在のこと……音楽大好き人間でそれしか能のないアホアホミュージシャンの私が、別に知らなくてもよかったような、原発にまつわる様々なことを浅く広く調べ、知り、これはいかんと思い、ひとりの日本国民として、日本は国を挙げて脱原発へ邁進するべきだ、と思っている。だが、同時にそれはとてもつらく悲しいことでもある。

これを読んでくれている読者の前でも、くるりのライブを観に来てくれるお客さんの前でも、くるりのCDを買ってくれている人の前でも、俺はこの日本からは、原発なんて無くなればいいと思っている、と言うだろうか。

アホアホミュージシャンの音楽を愛してくれている人たちのなかに、冒頭の駄文の主人公の彼氏がいたら、どうしよう。脱原発を叫び、それが原因で彼女や彼女の家族が傷ついてしまったらどうしよう。

脱原発を叫ぶミュージシャンたちは、そんなこと承知の上で、日本の未来のためにシュプレヒコールを繰り返しているのだ。多分。

とても悲しくて、とてもむなしい。時代を呪いながらも、こんなこと昔からあったことなのかもしれないとも思ったりする。

首相官邸前の抗議行動にこっそり参加したとき、そこは老若男女、様々な職業に就いているであろう人々、普通のおっさんおばはん、誰かが連れて来た子供、普通の人、ただの馬鹿、アーティスト風、アーティスト、ヤンキー、同業者、ビジネスマン、ＯＬ、家族連れ……いろんな人種のるつぼだった。すごいなと思ったのは、そこに集まった何万人かの人は思想や関係を超えて、全員が本気で原発の再稼働を止めてほしいと心から願っていたことだ。

いろんな人がいればいろんな事情がある。

ひとりの日本国民として、知らなければいけなくなったことが多すぎる。困る。でも、それはとても前向きなことだと思うことにする。

ひとりのアホアホミュージシャンとしては、ただ音楽に邁進するだけである。いろんな人の思いを糧にして。

（２０１２年９月号）

※1　プルサーマル：人工放射性元素・プルトニウムで燃料を作り、従来の熱中性子炉で燃料の一部として使うこと。

※2　もんじゅ：福井県敦賀市にある日本原子力研究開発機構の高速中性子により燃料を増殖する原子炉。

※3　ホール・ボディ・カウンター：体内に存在する放射性物質を体外から計測する装置。

70　いじめたくなるのは

いじめられる側にも原因がある。

という物言いを紐解いてみることにしよう。

よくある原因その①「出る杭は打たれるパターン」

特に新学期、クラス内や部活内でありがちな、自己アピールが強過ぎて、反発を買ってしまうパターン。ターゲットの多くは空回りしながら失速し、徐々に孤立する。ターゲットに対して、嫉妬から来る憎しみの感情のもと周囲が団結しやすいので、いじめる側の結束力が高く、その満足度も高いのだ。

よくある原因その②「スピード感の欠如」

足が遅い、反応が鈍い、ファッションが時代遅れである、流行に鈍感である、カジュアルな会話の中での理解度が低い、それなのにいつも笑っている……ひとことで言うと、鈍くさい、ジジくさい、ババくさい、格好悪い。四言も書いてしまった。いじめる側は、自分の中にも存在するこれらの要素を嫌悪し、排除し、自らのアイデンティティを主張する。

よくある原因その③「道徳的、倫理的に突っ込まれる問題点が目に付く」

虚言癖があったり、約束を破ったり、友達を裏切ったり、相手によって態度をころころ変えたり、同じ目標を分かち合えなかったり、天邪鬼だったり、暴力的な態度をとったり、人をいじめた経験があったり、その方法が陰湿だったり、ターゲットは「正義の断罪」の名の下、「更生」ではなく「排除」の方向へと導かれる。

思いつくだけならもっとたくさんあるのだが、これらはすべて、昔自分がいじめられた理由と原因だ。

「いじめられる」側が抱える心の病は、必ず、「いじめる」側の心の病を刺激する。

いじめる側の心の孤独感、埋められない不安や強迫観念は「その他大勢」への過大な自己主張である。これらは彼らの抱える大きな劣等感に起因する。

いじめられる側といじめる側は実はよく似ている。表裏一体である。お互い啓蒙しあっているようなものなのかも知れない。

いじめられている側は、いくつか知っておくべきことがある。いくら君がいじめられていたとしても、君をいじめているやつも実はなかなか不幸なんだ。

いちばん残酷なのは、「その他大勢」の無関心な層である。彼らは心が健康なので、病的ないじめなどには関わろうとしない。華麗にスルーするわけだ。これが、いじめられている側にはいちばん辛いことなのかもしれない。

いじめ……日本では認識の薄い、発達障害やパーソナリティ障害が大いに関わる問題でもあるからだ。核家族化、離婚率の上昇、アダルトチルドレン、景気の悪化、DV……いろんな事象がいじめを深刻化させる要因になる。いじめる側にも、いじめられる側にも、理由と原因があることなど当たり前の話である。

いじめをなくすために、教育委員会や行政ができることは少ないだろうと思う。デタラメな政策を前にがんじがらめになり、原発事故の責任さえ負うこともできないような状態では、人の痛みなどわからないだろうから。

いじめられたら、君を愛している家族とたくさん話すことだ。勇気をもらうことだ。君を愛している家族がいなかったり、もしも家族が君を愛していなかったならば、虫や鳥や植物、つまり「その他大勢」のそれぞれの生活や事象を観察してごらん。知らなかったことをいっぱい知ることができるから。そして、エネルギーを欲しがったなら、彼らは必ずエネルギーをくれるはずだ。彼らの生態も、君のいる人間界と実はまったく一緒だよ。「その他大勢」は、いじめっ子たちとは違って、少しばかり余裕があるんだよ。

人間なんてちっぽけだが、捨てたもんじゃないんだぜ。実は。はやくこっちへおいで。

（２０１２年10月号）

71　ロック音楽の伝承

細野晴臣さんと、東北地方をまわるライブツアーをした。

ご存じ、細野晴臣さんは日本語で歌われた日本人による日本人のためのロックの黎明期を作ったバンド「はっぴいえんど」や、高い音楽性と斬新なビジュアル・コンセプトが同居しながら世界的人気を誇ったテクノ・グループ「ＹＭＯ」のメンバーであり、作編曲家としても、数々の名曲、名演を生み出し続けてきた、本当の意味でのロック・レジェンドである。

彼も今や65歳。もちろん老いを感じさせないほどエネルギッシュなステージではあったのだが、彼のベクトルは、面白い方向へ向いていた。

前年に行った同ツアーの頃は、たまたま震災から間もなく発表した彼自身久々になるオリジナル・アルバム『HoSoNoVa』[※1]が発売されたところだったこともあり、音楽そのものの柔らかさや、揺るぎなさを再確認できるようなステージだったことを覚えている。

それは一緒にツアーをまわらせてもらった身としても素晴らしく、津波や地震被害の爪痕が生々しく残る地域で、柔らかく、野の花のように、彼の音楽は凛と咲き誇った。

そして一年を経て、彼の音楽は大きく変わった。驚きを隠せなかった。

演奏のスタイル、技術の伝承に重きを置くものに、シフトチェンジをしていたのだ。

彼は、古き良き時代の音楽を、今も貪るように掘り続け、それらを作り上げる技術やテクニックを、見事に演奏に取り入れる。

高田漣や伊藤大地のような若いミュージシャンに、その頃のテクニックを伝承し、彼らもうまく吸収し、今の時代誰も知らないようなとびっきりのロックンロールを演奏する。

彼にとっては、オリジナル楽曲であることと、カバー曲であることは大きなポイントではなく、その音楽の根幹にある構成要素が重要なんだろう。トラフィックのカバー曲〝heaven is in your mind〟も、クラフトワークのカバー〝放射能〟も、同じ演奏力学で演奏される。

まだ若い僕には、細野晴臣さんが伝承したいもののすべてはわからない。でも、こんなにかっこいいことがたくさんあるのならば、ミュージシャンでいることはなかなか悪くないんじゃないかな、と思った、そんなツアーだった。


（２０１２年12月号）

※１　HoSoNoVa：細野晴臣が２０１１年に発表したアルバム。

72　解散の真相

ビートルズは解散した。オアシスも解散したし、スーパーカーやブルーハーツも解散した。ほとんどのロックバンドは解散する。

メンバーの死によって解散に追い込まれたバンドも沢山いるし、「活動休止」を事実上の解散宣言としているバンドも、日本では数多いかも知れない。

17年バンドをやっている身からして、なんで今まで解散しなかったのか、ということをたまに考えたりもするが、バンドが解散に至る理由と、踏みとどまる理由は、とても複雑だ。若い時分から組んでいるバンドなら尚更だ。

スポーツや勉強や趣味ではなく、自分たちだけの共通言語のようなものを、自分たちで編み出し、そのエネルギーを共有したバンドの絆は強い。

だがしかし、その瞬間に対する拘りはいずれ「理想」を生み、自由であるべきロックバンドの思想をがんじがらめにする。バンドは、その時点でストレスを抱え、メンバーの交代や、音楽性の大きな変革を迎えることになる。

バンドは、結成当初はメンバーだけのものだった。これは、どんなバンドにとってもそうである。それが、どんどんお客さんや、スタッフや、取り巻きや、音楽業界や、恋人や家族や……バンドが大きくなればなるほど、バンドはいろんな人たちのものになっていく。

周囲がイメージを作り、周囲がバンドを転がしていくのだ。

そうなると、バンドのメンバーは、周囲に目くばせはしても、メンバー同士で目くばせはしなくなってしまう。コミュニケーションをとらなくなり、マネージャーを介して話すようになったり、ステージ上でも互いの音を聴かなくなったりする。

音は嘘をつかない。関係が崩壊していたジョンとポールも、最後までお互いの曲に影響されながら曲を書いていた。それでも彼らは素晴らしい音楽を世に遺しながらも、解散した。解散後の活動はそれぞれ素晴らしいけれど、それぞれひとりの人間が演っている音楽になった。

バンドを組んだ時の、正しさ、美しさ、そしてくだらなさは、そのメンバーにしかわからない。どんな優秀なスタッフにも、どんな最高のファンにも、メンバーのオカンや嫁にも、残念ながらわからないものだ。

再結成するバンドの、再結成の理由は金と気まぐれであることだけは間違いはないだろうが。

（2013年1月号）

73　ラーメン

ええと……。

日本のロックバンドが、今日も明日も、毎夜のように素晴らしいライブをやり遂げるための原動力／燃料は何なんだろうか。

ツアーバンドと切っても切り離せない、命の源はいったい何なんだろうか。

お客さんの笑顔、素敵なライブハウス、旅の景色、ツアー中に生まれた新曲、移動中のヘビーローテーション、打ち上げの居酒屋、好敵手とも呼ぶべき対バン、気心の知れたローディー、地元のアイドル的存在、気心の知れた仲間、新しい出会い……。

いろいろあるけど、断言しよう。それは日本のバンドマンのためのソウル・フード、ラーメンである。

ラーメンがつなぐモノ、ラーメンから得るモノ、ラーメンが教えてくれるモノ、すべてツアーバンドの力になってくれるのだ。

もしかしたら、ご当地ラーメンなんてモノは、バンドマンが口コミで広めていったのではないかと思うくらい、日本全国いろいろなラーメン屋の壁には、バンドマンのサインが所狭しと飾ってあるものだ。SNS、Twitterなどでは、ミュージシャン同士のラーメン情報交換なんかも、頻繁に行われる。

安価でエネルギーと満腹感を充填できることと、打ち上げの居酒屋よりも、バンド内のパーソナルな悩み相談なんかも解決しやすいラーメン屋（なぜだろうか、ほんとにそうなんだ）。

ラーメンのダシは、地方によっていろいろあるけど、時代の流れによって流行りもあるようだ。地元京都では、鶏ガラ＋豚骨の醤油味、刻んだ九条ネギがデフォルトだったのが、最近になって魚粉や魚介系のだし、あるいは白ネギなんていう、京都のラーメンではおよそ見たことのないものまで見かけるようになった。

バンドマンのあいだで話題になるのは、やはりダシのうまさに尽きる、ということである。麺とダシのバランス、器に見合ったダシ、店の雰囲気とダシの関係……すべてはダシのうまさに尽きるのだ。

青森に「田むら」という名店があるのだが、ここの「鬼煮干し」というメニューはすごい。一般的に煮干しダシというものは、煮干しの頭を落とし、ワタを綺麗に取りのぞき、さっぱりめにとるモノなのだが、この鬼煮干しは、頭とワタをふんだんに使っているのだろう。ドロドロで、にがい。だが、それがいい。病みつきになる。すっかり虜になってしまった。

広島の「すずめ」[※1]という小さい店もすごい。いわゆる「中華そば」ではない、スタンダードな「ラーメン」では、全国随一ではなかろうか。小さめの器、メニューはシンプルにラーメンだけ。チャーシュー麺も、ラーメン（大）もない。だから、お替わりしちゃうんです。あまりにうまくて。

福岡の「冨ちゃん」という店は、地元のバンドマンに教えてもらった。豚骨スープの、白くない少し茶色の、いわゆる昔の屋台風スープ。獣臭さが気になるが、スープを一口飲んでみれば広がる景色は、どこまでも透明に近いブルー。口に含んだ瞬間、脳内に深いリヴァーブがかかる。

（2013年2月号）

※1　すずめ：現在は別の名前で営業。

74　ギターについて

最近、ギターの練習をする時間を増やしている。

僕は、バンドのソングライターであり、シンガーでもあるので、新曲を作って歌いながら弾いていれば、それはそれでいい練習になるので、いわゆる「ギターの練習」に時間を割くタイプのミュージシャンではなかった。

苦手なリズム・パターンがあるので、クリックやリズムマシンと格闘しながらバッキングやコード・カッティングの練習をすることはあるが、いわゆる「ギターの練習」ではない。

僕のようなギタリストは、先述の通り、作曲やバンド演奏を通じてスタイルが出来上がっているので、自分のスタイルにおいてのプレイは、ウォーミング・アップさえ怠らなければ、全く問題なくクオリティを保つ。

それでも、やはり「ギターの練習」が足りない、と三十代半ば過ぎて、痛感するのである。

もう、僕のやっているバンドは、若いバンドではない。実際の年齢というよりも、実際に若いメンバーがバンドのアンサンブルに加わり、痛感した。

つまり、若いメンバーは、若い音を出すわけだ。ひりひりしていたり、若草のようにキラキラしていたり。僕はそのような音を、もう出すことはできない。出そうとも思わない。

それらの音にガチンコで対抗するには、音にすることができる感情の種類を増やすことと、その方法論を確立することである。

3コード弾いてれば、ロックできる。

これは、ある意味間違いない。方法論のひとつである。でも、それで終わったら、少しもったいない。と、僕は思っているので、複雑なコードを使ったりする。そうしないと表現できない景色や感情がある。

半音でもずれてしまうと意味をなさなくなるスケール。ダイナミクスをコントロールしてピッキングしないと、幼稚に聞こえてしまうフレーズ。

これらは、ちゃんと練習しないと、弾けない。そして、根源的に理解できない。リスナーは、音を聴けば、一発で分かるのに、ミュージシャンは「お家芸」に拘り、甘えるから、鈍感になる。

ヤードバーズやビートルズ、レッド・ツェッペリンなど、ＵＫの古いロックンロールを聴くと、否応無しに恰好いいギター・リフが聞こえてくる。

よく聴けば、もっと古いリズム・アンド・ブルースやジャズに入っている、金管楽器にインスパイアされたかのようなプレイであることがわかる。つまり、ギターはギターを模したものではなかったのか、と、軽く納得してしまったのである。

最近、モーツァルト作曲の〝トルコ行進曲〟[※1]の有名な一節を、ギターでコピーして弾く練習をしている。あんなにシンプルなメロディなのに、ギターで弾くと驚くほど難しい。弾けたとしても、何かの感情をこめて弾けるようになるまで、時間と労力と、ワンアイデアが必要なんだろうな、と思う。

（２０１３年３月号）

※１　〝トルコ行進曲〟：モーツァルト作曲のピアノソナタ第11番イ長調第３楽章の通称。

75　2013年初頭のムード

ずっと前からヒップホップは好きだけど、最近あらためて日本語のヒップホップにハマっている。好きなアーティスト、ラッパーあげればキリがない。今じゃあすっかりヘッズの端くれかもね。

自分じゃ着ないけどファッションも好きだし、そんなにしょっちゅう行かないけどクラブでのイベントの雰囲気も好き。井上三太[※1]は元々大ファンである。本誌の表紙撮影もRUN-DMC[※2]のキャップを被った（スタイリストさんが用意してくれたやつだけど）。

音楽ではDJシャドウ[※3]とマッドリブ[※4]がムチャクチャ好きで、好きなビートも、絶対的に90年代ソウル的なグルーヴィーさだったりする。

でも何より何より、フリースタイルの上手なラッパーにホント憧れる。ニュースのサイトかなんかで観たけれど、フリースタイルやってるMC、大脳だか小脳だかの構造が、僕らのような人間と比べて、格段に発達しているらしい。

思ってることが口から勝手にペラペラ発声されて、それがビートに乗ってフロウすることを、ヒップホップの用語でなんていうのか、僕は知らないけれど、あの感覚って、この世で一番最高な瞬間の一つじゃないかと思ってる。

口車とはよく言ったもので、聴いてると知らない間にノセられちゃうけれど、まさかのまさか自分の口車にゴロゴロ乗っかって行くなんて最高じゃないか。湯水のように湧き出すフレッシュな言葉のグルーヴは、意味のないものにどんどん魂を持たせることができる。

僕は彼らとは違うタイプのミュージシャンだから、言いたいことはほどほどに、言いたいけど言えないことを、湯水のように溢れかえるメロディーに変えていく。たった12個の音の配列が、心の中の景色を動かしたり、光と陰を司ったりする。

似たようなものなのかもしれないけれども、僕は彼らのことがとても好きで、本当に心の底からかっこいいと思っていて、同時にとても羨ましいと思っている。音楽の「スタイル」を好きになることって、実はあんまりないんだけれども。

閑話休題。

しかし頭が痒い。この季節になると、いつも僕は脱皮をするんだ。頭皮はめくれ上がり、浮腫んだ身体は不調を起こし、モヤモヤした気持ちの中から突然芽吹くように、何か色々なものが外の世界に出て行く。

岩手県は宮古市内の、ビジネスホテルでこの原稿を書いている。マキシマム ザ ホルモンとの東北ライブハウスツアーの初日は明日。今から彼らと飯を食いに行く。間違って捕食されないようにしないとなぁ。

（2013年4月号）

※1　井上三太：漫画家。代表作に『TOKYO TRIBE』など。
※2　RUN-DMC：ニューヨーク出身のヒップホップ・グループ。2002年に活動休止。
※3　DJシャドウ：アメリカのミュージシャン、音楽プロデューサー。DJ2017年に5年ぶりの来日公演を行った。
※4　マッドリブ：アメリカのミュージシャン、音楽プロデューサー。「カジモト」名義での活動もしている。

76　ポルトガル紀行

空港に着いて、その薄暗さに不安になる。もちろん、ウィーンのそれや、今まで訪れたことのある中欧や東欧独特の暗さ、辛気臭さは何となく覚えているつもりだけど、街に出て貧しい気持ちになりゃあしないかとか、治安が悪いんじゃないかとか、そんなことをふと考えた。

空港内のインフォメーション・カウンターで、72時間使えるトラベルカードが欲しいと伝えた。思いのほか、大変物腰の柔らかい、カウンターのお兄さんは英語をしっかりと話すし、とても丁寧に対応してくれた。元々安いなぁと思っていたトラベルカード[※1]より、更に安いカードの存在も親身になって教えてくれたが、博物館の割引が利かなかったので、ありがとう大丈夫だ、と伝え、普通のトラベルカードを購入した。カウンターのお兄さんは、リスボンを楽しんで、と、初めてポルトガル語を交えながら笑顔で見送ってくれた。

知らない国に初めて行ったとき、初めて出会った人との会話はとても印象深く、記憶に刻まれる。この青年が好印象だったので、この旅を楽しむことができたのかもしれない。

荷物が重かったので、タクシーに乗る。悪徳タクシーも多いだろうから、気をつけていたのだが、知らない土地で詮索している余裕などない。勘をたよりにするしかない。

騒々しい空港のタクシー乗り場から、ベッカムに少し似た、男前の若い運転手のタクシーに乗り込んだ。

運転手はこれまた英語が達者で、何しにきたとか初めてなのかとか、どこからきたのかとか訊いてくるので、いちいち答えたのだが、ふうん、てな感じで、あまりこちらに興味を示さないようだった。

暫くボーッと、窓の外の景色を眺めながら小さな感動を繰り返していた。大きなサッカースタジアムが見えるや否や、運転手はサッカーの話を勝手に始めた。ポルトガルは歴史もあるし、いい選手もいっぱいいるのだが、やはりサッカーならスペインだ、バルサだ、メッシだ、と自嘲気味に話す。

相槌を打っていたら、大きい水道橋が見え、その話に切り替わる。運転手は、その水道橋の歴史や仕組みを、とても自慢気に語り始めた。専門用語が多くなり、僕の英語力ではわからない話題になったのだが、なんだか運転手はご機嫌になった。

話題を変えようと、こっちの食べ物はどうなんだと訊ねてみた。運転手は、タラの干物、バッカリャウ[※2]を食え、と強く僕に薦めた。

バッカリャウには千通りもの調理法のバリエーションがあり、とにかく何を食べても美味しい、あれを食わなきゃポルトガルに来た価値がない、とまで言い切った（ちなみにその後会った多くのポルトガル人も同じように言うのだが、調理法については三百通りとか、一万通りとか、多いのはわかるがまちまちであった）。

若い運転手なのだが車内での会話のテンションは完全におっさんであり、何だか微笑ましい気分になりながら料金を支払い、車を降りた。

ホテルは僕のようなおじさんが泊まるには些か少女趣味というか、美しい模様の入ったタイルや、木製の調度品は隅のアールが心地よく、なかなか素敵な部屋であった。

窓の格子を開けると、湾に映る夕陽が、まるで夏の日の午後のように眩しく、その景色は希望という紋切り型の二文字を連想させる何かを持っていた。

程なく僕はホテルを後にし、トラベルカードを持って出掛けようと街へ出た。

足元は全て石畳であり、段差や凸凹が多く、バリアフリーなどという言葉とは全く無縁の世界である。同じヨーロッパでも、ウィーンや北欧の、ゆき届いた福祉インフラとは真逆のイメージだ。貧しいのだ、国が。

養老孟司氏による、高齢者予備軍向けのエッセイで、段差や凸凹を無くすべきでない、高齢者はそこを敢えて気をつけながら歩くべきであり、登れないところは周りの人々が手を差し伸べるべきだ、と言っていたのを思い出した。

些か行き過ぎた物言いであるように捉えられそうだが、ここリスボンは高齢者が多い印象だ。しかしながら彼らは坂や段差の多い街をてくてくと歩き回っている。

日が暮れてきた。少し歩いた僕は、途中で道端に滑り込んできた路面電車に乗り込んだ。

路面電車はたいそう古い型で、トロリー・ポール[※3]で集電しているし、車体も木製であるが、下回りは更新されているらしく、静かにすーっと加速していく。

電車は信じられないような坂道を上り下りし、急停止急発進を繰り返しながら、車を撥ね退けるかのように電話のベルのような警鈴を鳴らしながら、バイロ・アルト地区を走る。

バイロ・アルトとはポルトガル語で「高い地区」という意味であり、高低差のある南北に長い古い街である。レストランや、ファド・クラブ[※4]、深夜営業のクラブやバーが軒を連ねる。

白熱灯が金色に映える古い街を背に、路面電車は港湾地区を通り抜け、お目当てのファド・クラブのある、イスラム支配時代の雰囲気を色濃く残すアルファマ地区を目指す。

（2013年5月号）

※1　トラベルカード：公共交通機関、地下鉄やバスが乗り放題の便利なカード。
※2　バッカリャウ：タラの塩漬けの干物、またはそれを用いた料理。
※3　トロリー・ポール：鉄道車両やトロリーバスの屋根上に取り付けられ、架線に接触させて集電する装置の一種。
※4　ファド・クラブ：ポルトガルの大衆歌謡ファドが聴ける店。

第3章　音楽とことば

77 ミュージック

音楽聴く時に、何が楽しいって「ながら聴き」ができることに尽きると思うんだな。

外を歩きながら。部屋の掃除をしながら。友達とご飯を食べながら。

もしあなたがイヤホンとかヘッドホンを持っていなくとも、頭の中で再生したり、鼻歌を自分で歌うことだってできる。音楽って超自由なわけです。映画やスポーツは、なかなかそうはいかない。

外を歩きながら聴く音楽は格別だ。景色や季節の移ろいは、あなたの耳や心にエフェクトを掛ける。のんびり釣りをしながら、あるいは山歩きをしながら食うおにぎりやカップラーメンがこの世のものとは思えないほど美味いように、どんな音楽を聴いても、驚くべき発見がある。

逆に、部屋の中で聴く音楽も、それはそれで格別だ。自分だけの空間、自分だけのスピーカーやアンプのセッティング、オーディオ機器に投資をする必要はあれど、その倍以上にあなたの生活を彩り豊かにすること間違いなしである。自分の家族や恋人のような、音楽がそばにいてくれる生活は、ほんとに素晴らしいものだ。

居酒屋や、馴染みのカフェやレストランで、友達や恋人と一緒にいる時に流れている音楽を聴くことも、時としてすごく楽しいことだったりする。今はもう聴かなくなった思い出の曲がふたりの距離を縮めることになったり、同じ景色を見たりすることだってあるから、音楽が流れている場所には、人がたくさん集まる。

もちろん、これだけ街中に音楽が溢れているのだから、「無音」が音楽になり得ることもある。海へ行けばさざ波と風の音、山へ行けば野鳥の声や樹が鳴る音。街や図書館だって同じようなものだ。

クラブに行ってみよう。普段より大音量のダンスミュージックが、耳というより身体全体に響き渡る。自然と身体が動き出し、なんだか少し解放的な気分になったりする。ただカッコいいなぁ、と思っていた音楽と、セックスしてるみたいな気分になったりする。

ライブハウスやコンサートホールでは、音楽が鳴り出す瞬間を味わうことができる。ミュージシャンが音を生み出すその瞬間を、共有することができるのだ。大好きなあの曲を、あるいは初めて公開される新曲を、その場で聴くことができるのだ。そして、たくさんの人たちの思いがひとつになって、あなたの大好きな、目の前のミュージシャンに届くのだ。

どれだけ音楽が主語になろうと、音楽はあなたの人生のお供である。あなたが鼻くそをほじりながらでも、あなたがとても難しい問題に直面していたとしても、音楽はそんなあなたと共にあってくれるのだ。

（2013年6月号）

78　転調のはなし

転調って面白い。

「転調」について真面目に考えたことなんてなかったけれど、世の中に蔓延る音楽には、たくさんの「転調」を使ったものが多いようだ。

最後の大サビ前の静かなブレイク、何かが始まる予感。そして突然の半音転調で高らかに歌われるテーマは、至福のメロディーとして、沈みがちなみんなの心をリフトアップする。

男女混声のバンド・サウンドだけど、男女の声の違いはもちろん、男声のパートでは力強さを、女声のパートでは儚いニュアンスを。一体どうやって作ってるのかな、と思ったら五度転調してた、なんてことも。そして、これも最後の大サビでは転調しないままハモったり。いやぁ、素晴らしい。

難しい音楽理論のはなしは置いといて、転調のもたらす魅力ってものは、同じものを違う角度から見るってこと。

マンションの四階からの景色が五階からの景色になるだけで、世界が変わったような気がしたり、見上げたり見下ろしたり、別の場所から見たり。

もちろん、やみくもに転調しては効果がない。四階から五階に上がるためには、階段やエレベーターが必要だ。転調には、ルールや技術が必要だ。だからと言って臆することはない。

リフトアップされる気持ち、自らを鼓舞するための気持ち、チルアウトしたい気持ち、客観視するときの不思議な感覚……。

それを正直に音にすれば、自ずとその曲は転調する。

多くのロック・ミュージックが「何処にも行けない感」を、いい意味でも悪い意味でも演出しているのには理由がある。

ギタリストの多くが、転調を嫌がるのだ。少なくとも俺はそうなのだ。鍵盤弾きもそうかも知れないけれど、半音上がるだけで、楽器を弾くのが面倒になっちゃう。

ドラマーはむしろ、転調大好きな人が多い。何故なら、調の動きには客観的な動きができるからだ。

話が逸れた。

人は生きていると、平凡な毎日のようで実は変化の連続であり、どんな人でも自分という芯の部分を意識せざるを得ない瞬間がやってくる。

変化のない人生などないし、同じことの繰り返しのように聞こえるミニマル・ミュージックだって、些細な変化をスロー再生のように感じさせるものだ。

変化がこわい、不安だ、と思っていたとして、その後の変化なんて起こってしまえば、その時のことなんて忘れてしまうくらい、人は自然に生きている。変化を繰り返している。

たまに起こる派手な変化は、人生の宝物みたいなものだ。偶発的なものもそうだけど、予定調和だと思っているようなものでも、誰かにとっては突然の報せだったりするわけだから。

だから、転調にハマっているのです。

（2013年7月号）

79　ＢＰＭ

昔JAPANの編集部員だった、同い年の柴那典[※1]くんという音楽ライターのTwitter（@shiba710）を見ていたら、凄いことが書いてあってびっくりした。以下引用です。

今日改めて思ったけど、やっぱり「邦ロックフェスで盛り上がる定番曲」は、ざっくりＢＰＭ130〜140代の四つ打ちか、ＢＰＭ180〜190代のタテノリが主流になるんだな。perfumeもBABYMETALもそこにジャストだから機能性として全然違和感なかった。

とりあえず今日観たメンツの中では、ＢＰＭ二桁の曲をやってたのはくるりときのこ帝国だった。
（２０１３年5月26日のツイートより、いずれも原文ママ）

これには驚いた。柴くんのレポートに驚いたというよりも、うわ〜っ、よく考えればホントにそうだわ、って感じで、少し眼から鱗が落ちました。

因みに、俺はPerfumeもBABYMETALも、きのこ帝国も大好きです。多分その三つ、同じくらい大好きです。

誤解なきように分析すると、音楽の演奏スタイルという意味で、ロックのＢＰＭは遅い。ビートルズもストーンズも、ツェッペリンも、実はディープ・パープルも、レディオヘッドも、ＢＰＭは二桁のものが多い。

そういう意味で、この日のフェスに出演していたオールドスクールなロックバンドは、きのこ帝国と、くるりだけなのかも知れない。あとOKAMOTO'Sか。

つまり、音楽スタイルとしての、リズム&ブルース由来のロックバンドは、ロックフェスにはあまり出てこないということなのか。

ロックフェスに、ロック以外のジャンルの音楽が入ってくるのは個人的にすごく楽しい。ハウスやテクノのＤＪを前に踊りまくったり、アイドル的に人気のあるポップシンガーを観ることができたり、ジャンルを超えた楽しみは、音楽好きにとってご褒美みたいなものだ。

そう考えると、日本にロックフェスってないよな〜とも思うわけです。パンクロックフェスや、メタルフェスはあるけれど。

ロック＝ＢＰＭ二桁、と思っている俺のようなリスナーのために、誰かロックフェスをやってくれませんか？　ロックだけ、コテコテの。集客力がないのかな。俺は行くよ〜。

（2013年8月号）

※1　柴那典：ライター、編集者、音楽ジャーナリスト。

80　岸田繁のギター講座①

「ロック」不足に悩む日本の音楽シーンだけど、相変わらず、多くのキッズたちはギターを担いで街を歩いている。ギターはいつだって花形楽器なのである。

どうすればギターが上手くなるんですか、と訊かれることが多いから、僕は即座にこう答えるようにしている。

スピードが命。そのために体幹を意識しろ、と。

これは、まるでスポーツ医学のような物言いだけど、とても大切なことだ。

いい音を出すには、まずインパクトとスピードが大切である。それは、パチンと手を打ち鳴らしたり、ボールを真っ芯で捉えてバットで打ち返したり、勢いよく返事をしたり、確信を持って屁をこいたり、そんなことである。

すべて、スピードが命なのである。

柔らかな愛撫も、包み込むような愛も、ホワンとしたムードも、緩やかなランディングも、実はスピードが命なのである。

迷いのあるスピーチに説得力は生まれない。つまり、最短距離で目的化することが、スピードなのである。ゆるふわ気取りの鈍臭いやつと、本気のゆるキャラではスピードが違う。

ギターの話に戻せば、別に速弾きや高速カッティングだけが、スピード、というわけではない。

緩やかなアルペジオを弾いたり、白玉（全音符）をストロークする際に、最も重要なのはスピードである。弾くべきタイミングで、まろやかなトーンを出すには、スピード感がないと的を外し、モヤモヤした音が出る。

指から弦までの到達時間を短くすればするほど、このようなプレイは上達する。

スピードを活かすにはどうしたらいいのか。小手先のテクニックを使ってこなすには限界がある。

体幹を整えることだ。

ヘヴィなリフをいくらコピーしても、ヘヴィさが出ないのは何故なんだろう。

それは、君の生活の中から甘くて可愛いものをすべて排除したり、髭や髪を伸ばしたりと、そのヘヴィさを生み出すための心構えがまず必要なんだろう。ただ、ギターに関していえば、ヘヴィなグルーヴと比較して随分と軽い、君の体幹を強化する必要がある。

電車に乗って、ひと駅間、つり革にも手すりにも掴まらず、ピタリと立っていられるだろうか。立っていられれば、ヘヴィなリフくらい簡単に弾くことができるはずだ。

腰を据える、という言葉があるが、まさに腰がいいポジションに収まると、体幹が整い、上半身に力を入れなくても身体が自由に動く。

もしも腰が据わっていなければ、上半身の激しい動きに身体全体が振り回されて、リズムもピッチもめちゃくちゃになってしまうだろう。

マキシマム ザ ホルモンのマキシマムザ亮君がヘドバンしても全くリズムがブレたりしないのは、体幹がしっかりしているからだ。

腰が据わって体幹がしっかりすると、スピードのコントロールが容易にできるようになる。つまり上半身が自由に使えるようになるのだ。

次回はもう少し踏み込もう。

（2013年9月号）

81　岸田繁のギター講座②

ギターの話。続き。

20年前の話。

高校生のころ、初めてエレキギターを買ってもらった僕は、ビートルズやレッド・ツェッペリン、フーやローリング・ストーンズなどのいわゆるロック・クラシックスをコピーしていた。それに飽き足らず、当時流行だったスティーブ・ヴァイ[※1]やイングヴェイ・マルムスティーン[※2]などの速弾きギタリストのフレーズに挑戦するも、ビギナーである僕には難易度が高すぎて、早くも壁にぶつかってしまった。

ギタリストとして大成したかった僕は、なんとかして彼らのように縦横無尽に指板を駆け巡りたくて仕方なかったのだが、基本をしっかり身に付けないと上手くならないことさえ、若い僕はわからずにいたのだった。

当時購読していた『ヤング・ギター』という雑誌には、それら速弾きギタリスト達による解説付き譜面が載っており、それを見よう見まねで弾いてみようとするのだが全く楽しくない。それは、当時彼らの音楽のことをスポーツだと捉えていたからなのかもしれない。

同誌で、当時光よりも速いと評判の人気ギタリスト、ポール・ギルバート※3の連載が始まった。連載二回目の記事を読んで、僕のギターに対する認識が大きく変わった。

そこには、ジャネット・ジャクソン※4の曲の、オルガンやシンセのフレーズをギターで弾いてみる、という奇っ怪な譜面が載っていた。

弾いてみると、変則的な指遣いではあったものの、素人の僕でも弾ける簡単なものだった。しかし、弾けた時の感動は、ビートルズやレッド・ツェッペリンのギター・フレーズよりも随分満足度の高い、ある種の興奮を覚えるものであった。

氏は誌面で「ギターでギターっぽいことばかりやっていると、ギターっぽいコードやフレーズばかり使ってしまう。それは悪いことではないけれども、ほかの楽器に目を向けてみると、アンサンブルを意識することができたり、何より作曲の幅が広がるんだ。運指のトレーニングにもなる」と言っていた。

冷蔵庫に残っている余り物だけで気の利いた美味しい料理をこしらえるかのような氏の哲学は、僕のその後のギタリストとしての考え方に大きな影響を及ぼした。

Twitterにも書いたことだけど、レッド・ツェッペリンにおけるジミー・ペイジのギターを聴いてみると、エレキギターがまるでバリトン・サックスのようなフレーズを弾いていたり、レディオヘッドのジョニー・グリーンウッド[※5]がシンセのドローンのようなギターを弾いていたりすることに気づくまでに時間は掛からなかった。

先述のポール・ギルバートが、エルトン・ジョン[※6]の〝Your Song〟のピアノのコードをギターに置き換えてコピーしているうちに作った曲なんていうのも聴いてみたら、急にギターに対する可能性を感じることになる。そこから自分のギター観が大きく変わったのだ。

「まるで打ち込みのようなドラム」とか、「リード・ギターのようなベース」とか、「ラップのようにファンキーなクラヴィネット」など、喩えがつくものというのは、もしかしたら他の楽器やその哲学、あるいは他ジャンルの音楽にインスパイアされているものではなかろうかと思うのである。

その哲学は拡大解釈を繰り返す。打ち合わせを英語でやってみたり、担当楽器を取り替えて演奏してみたり、あり得ない組み合わせのリズムやコード進行を用いたり、そうやってくるりは出来上がっていくのである。

実験と発見は常にインスパイアなのである。

（２０１３年10月号）

※1　スティーブ・ヴァイ：アメリカのギタリスト。
※2　イングヴェイ・マルムスティーン：スウェーデン・ストックホルム出身のギタリスト。
※3　ポール・ギルバート：アメリカのギタリスト、ミュージシャン、作曲家。
※4　ジャネット・ジャクソン：アメリカのシンガーソングライター、女優。兄の1人はマイケル・ジャクソン。
※5　ジョニー・グリーンウッド：イギリスのミュージシャン。ロックバンド、レディオヘッドのメンバー。
※6　エルトン・ジョン：イギリスのミュージシャン、シンガー・ソングライター。〝Your Song〟はバラード曲。

82 less is more

グランジ／オルタナティヴ・ロック全盛期……1990年代中頃のこと。アメリカの西海岸、シアトルから凄いバンドが出てきた。

彼らの名前はThe Presidents of the United States of America（アメリカの大統領たち）といい、ギタリスト、ベーシスト、ドラマーのオーソドックスなトリオ編成ながら、一風変わったバンドであった。

通常、ギターは6本、ベースは4本の弦を張って弾くが、彼らの場合、ギターには3本、そしてベースにはたった2本の弦しか張られていないのだ。

当時のアメリカでは、ローファイと呼ばれる、良くも悪くも粗雑なサウンドが流行していたこともあり、冗談めいたバンド名ともあいまって、おそらく粗雑なパンクロックだろうと思っていた。

実際に彼らの音楽を聴いて、そのクオリティの高さに驚き、コロンブスの卵的なアイデアが功を奏していることに感動を隠せなかった。

よく練られたアンサンブルに、タイトかつ人懐こいリズム、そこにグッドなメロディが乗っている。とても合計5本の弦で奏でられているアンサンブルだとは思えなかったのだ。

よく聴いてみると、彼らはたった5本の弦をうまく使って、しっかり練られたハーモニーを奏でていた。つまり、要らない音を減らすことによって、要る音を捕まえるのが上手なのかもしれない、と思った。

僕はふと、初代ファミコンのドラクエ[※1]の音楽を思い出した。

たった3和音だけを使って、バロック的なハーモニーを作り上げている。これは、芳潤なアンサンブルが実はとてもシンプルに作られていることを裏付ける。つまり、バッハの作った音楽が美しく響くのは、同時に発音する音数が少ないのだ。

話を戻そう。たった5本の弦だけで芳潤な音楽を奏でる、このアメリカのバンドは、いくつかのヒットを飛ばしたのち、すぐに活動をやめてしまった。残念ながら、その普遍性と先鋭さはあまり語られることがなかった。

飛び抜けた名曲があるわけでもなく、当時のバンドとしては地味な存在であった彼らだが、less is more、つまり引き算こそがクリエイティブであるという、素晴らしいメッセージをしっかり残して消えていったのだ。引き算すると、必要な音が見えてくるのだ。

（2013年11月号）

※1　ドラクエ：ドラゴンクエストシリーズ。1986年に発売された『ドラゴンクエスト』を第1作とするRPG。

chili
Fender

83 日本語とロック

パット・メセニー[※1]という、ジャズ／フュージョン畑の著名なギタリストのフレーズを聴いていると、その音に夢中になり、筆や箸を止めてしまう。

氏は当然ながら素晴らしいテクニックとセンス、経験を持っているトップ・ギタリストであり、どんなジャンルのものでも弾きこなす、ミュージシャンの中のミュージシャンである。

彼のインプロビゼーション[※2]、つまりアドリブによるプレイは、リードギター・ソロを弾いているというよりは、即興作曲に近く、様々なメロディをどんどん生み出している、とも言えよう。それはラップにおけるフリースタイルのようなものなのかも知れない。

ギターが上手ければ上手いほど、フレーズはどんどん定型のものになってしまうと、上手いギタリストから聞いたことがある。私個人は、リードギターを弾くテクニックは持っていないほうなのだが、理解しうる感覚ではある。

つまり、文章を書いたり絵を描いたり、数式を解いたりする場合、一般的に優れたそれぞれというものは、誰かが創り上げたテクスチャーをいかにうまく使うか、というところに行き着くのだろう。

ギタープレイとて例外ではない。

譜面の読み書きができる人が、譜面から逃れたい、譜面が邪魔だと言っていたのも聞いたことがある。それも、同じようなものなんだろう。

話を戻そう。パット・メセニーのギタープレイは、それらとは別次元の、心の動きとテクニック、創造性、音楽的なバックグラウンドのバランスが絶妙であり、パットにしか作り得ない、オリジナリティに富んだものである。

日本が生んだ偉大な作曲家、故武満徹氏が遺した音楽や言葉は、音楽作品や演奏のオリジナリティに深く言及しているものが多い。

いわゆる近代~現代クラシカル・コンポーズに分類される氏の音楽ではあるが、笙《しょう》や琵琶など、雅楽などに使用する和楽器を演奏に取り入れたり、五線譜ではない独自の譜面を採用したり、西洋音楽の系譜とは異なる要素を、たくさん作曲や演奏に取り込んだ。

そう書いてみると、特に珍しいものでもないような気もするが、彼の場合は徹底していた。和楽器が、アメリカやヨーロッパの乾いた空気にさらされると、それらの楽器の持つ響きが変わってしまうということ、あるいはその逆……西洋音楽が日本の気候や文化を通してどういう風に響くか、ということに、とても自覚的であった。それ故に、唯一無二のオリジナリティ溢れる作品を、多くのエクスキューズと共に世の中に残すことになったのだろう。

本誌に掲載されている数多くの若いミュージシャンたちのリズム感覚や演奏力学は、楽器の出音や発語の感覚に素直な、現在進行形の日本のロックやポップス音楽である。それは世界的に見ればオリジナリティ溢れるものであるということに、誰も異論はないだろう。

ただ、日本語であること、グルーヴィであること、を追求することを、あらかじめ避けられた状態で演奏されているものが殆どだということも言える。それは少し残念なことである。

日本語ロックの発明、とまで言われたはっぴいえんどというバンドは、言葉とグルーヴの関係性と深く対峙し、結果日本語のロック、というオリジナリティ、そして、多くの可能性を後世に残した。松任谷由実さんもそうだった。本誌読者に馴染みの深い、小沢健二氏、岡村靖幸氏、中村一義氏、小山田壮平氏もそうだ。

この連載において、いくらか前に書いたこととも通ずるところだが、日本語の意味や響きを生かしながらロック音楽を作曲し、演奏するには、もう少し遅いテンポの演奏からそこを追求する、ということがオリジナリティを生む、ということが、個人的な主観である。

母音の占める割合の大きい日本語と、グルーヴィな演奏というものは、実はなかなか相性がいいものなのだ。

（2013年12月号）

※1　パット・メセニー：アメリカのジャズギタリスト。パット・メセニー・グループのリーダー。

※2　インプロビゼーション：即興演奏のこと。

84　コード進行とピッチングの話

売れるコード進行。

そんなものは存在しない、というわけでもないだろうが、その物言いはあまりにもざっくりし過ぎているように思う。

野球のピッチャーに例えれば、どんな球でアウトをしっかり取るか、という時の話が当てはまる。

どんな配球の組み立てで3アウトを取るか。あるいは、どういうペース配分で試合を作るか。

ポップスを作るときに最も重要な、コード進行と呼ばれる要素をどのように組み立てるか、ということにおいて鉄則となるのだ。

自分がどんな球種を持っているピッチャーなのか、そして、それをその場でどう活用するか、その場が試合においてどのような局面なのか、ということが重要である。

内角に速い直球でストライク↓外のスライダー外れてボール↓もう1球、外スラでカットされてフアウル→内角落ちる球カットされファウル→高めの釣り球で空振り三振……といったふうに、様々な球種を、バッターの特徴や心理を読みながら1アウトを取り、2人目、3人目はどんな打者なのか、打たれたらその後どうすればいいのか、気持ちで投げる局面、正確さが求められる局面、敢えて力を抜く局面……。

これは、楽曲の中でどのようなことを、誰がどのように歌うのか、どのような楽器でアンサンブルを作っているのか、自分がどういうジャンルの音楽をやっているのか、といったことにすべて当てはめることができる。

立体的な組み立てのできるバッテリーなら、変化球や間合いを巧みに取り入れながら投球を作っていくし、速球派の力投型ピッチャーなら、とにかくストレートの球威やスピードが重要である。

Ⅰ→Ⅳ→Ⅴ7→Ⅰ、つまりC→F→G7→Cのような、3つのコードで成り立つコード進行は、ストレート→ボール球のスライダー→インサイドのスライダー→ストレートで三振を取るような、王道で凡庸、古典的だが美しいコード進行である。これが、いわゆる3コードと呼ばれる、とても基本的なコード進行である。

よく「日本人好み」と評されるコード進行である、Ⅵm→Ⅳ→Ⅴ7→Ⅰ、つまりAm→F→G7→Cのようなモノを思い浮かべるとわかりやすいのではないだろうか。安室奈美恵さんの“Body Fee[※1]

Is EXIT〟のサビ部分だったり、GReeeNの〝キセキ〟の大サビだったり。実はくるりの〝[※2]Remember me〟の大サビ部分も、このようなコード進行なのである。

これは、落ちる球→外のスライダー→縦のスライダー→ストレートで三振を取っているようなもので、3コードのものと配球自体の組み立ては似ているが、落ちる球を1球目に持ってくることで、打者の気持ちを揺らがせ、時間軸をうまくずらしながら、実直なメロディーを軸にしてサビを完結させるのだ。

岡村靖幸さんの〝[※3]カルアミルク〟の大サビ部分のコード進行は素晴らしい配球だと言える。低音が半音ずつ下降していく中で、内声はピボット・コードを使い転調を繰り返す。しかしソウルフルかつシンプルなメロディーが乗っているので、「♪六本木で会おうよ」の「会おうよ」部分のヴォーカル・メロディーが♭5、つまりブルーノートと呼ばれる哀愁溢れる響きになったりなんかして、ついつい涙がこぼれちゃったりなんかしちゃうわけです。職人技です。しかも、言葉が感情に沿っています。

これは、野球で言うところの、直球とカットボールを巧みに使い分けながら、外ギリギリのスライダーを審判がどう判断するかが肝、みたいなところで心理戦を繰り広げながら、あれよあれよと言う間に三振の山を築いてしまうようなピッチングではないでしょうか。

どんな三振でも1アウトだけれども、大事な局面だと、素敵な1アウトを取ると試合は盛り上がるからね。打たせて取る、或いはワザと四球で歩かせたり、ヒットを打たせたり、ということも時と場合には試合を作るわけだからね。

この話、誰が喜ぶか全くわからないけれど、次回はもっと掘り下げてみよう。

（2014年1月号）

※1　〝Body Feels Exit〟：安室奈美恵が1995年に発表した3枚目のシングル。
※2　〝Remember me〟：くるりが2013年に発表した、メジャー・デビュー15周年記念第1弾シングル。
※3　〝カルアミルク〟：岡村靖幸が1990年に発表した14枚目のシングル。

85　海苔

最近やたら乱用されている、胡散臭い日本独自の音楽用語「タテノリ」「ヨコノリ」について、少し掘り下げてみることにしよう。

ロック・コンサートのお客さんたちが拳を突き上げるアレのことを「タテノリ」と言っていた馬鹿がいたが、それは日本語がおかしい。しかし、そこに「ノリ」のポイントが隠されていることは、実はあまり語られていないかも知れない。あれは、4／4拍子の曲の1、3拍目に拳を突き上げるのか、2、4拍目に拳を突き上げるのかで「ノリ」が変わってくる。

厳密に言えば「ノリ」に縦も横もないどころか、両方あるのだ。ここで言う縦は、テンポのグリッド、つまりクリックのなる位置である。普通に楽譜に書き込まれた位置、と言うこともできる。

では「ヨコ」ってなんですかと聞かれると、これは大変難しい定義であると思うのだ。

数年前くるりの新曲として〝HOW TO GO〟[※1]を制作していた時のことだった。BPMが100を大きく下回る遅い楽曲だったのだが、この曲はタイトルからも連想される通り、どうやって進んで行くのか、ということがテーマだった。メンバーも脱退し、停滞するバンドがどうやって舵取りしながら前へと推進して行くのか、自分たちで体現する必要があった。

ドラマーを失った我々は、打ち込みに頼るしかない状況に追い込まれたものの、地道にリズムトラックを打ち込んでいった。しかもとても正確に。ところが、どうやってもグルーヴしない、つまり「ノリ」が出ないのだ。

「ノリ」を出したいベースやギターと裏腹に、あまりにも「タテ」のラインを強調するリズムに辟易した。「もうちょっとタメを効かせて」とか思うんだけれども、タメる編集なんかをした日にゃあ、聴けたもんじゃないほど下手くそに聞こえるわけで。

途方に暮れる我々は、それでもめげずに試行錯誤を繰り返した。きっちり「タテ」に合わせずに、自由に打ち込んだものを分析してみたら、ある法則性が明らかになったのだ。

オモテ拍は、しっかり音と縦線が合っているのだ。しかしウラ拍は、縦線よりも若干後ろにある、ということに気づいたのだ。さらに細かく分析すると、32分休符ぶん後ろにウラ拍を入れるとバッチリ「ノリ」が生まれたのだ。

もちろん「ノリ」を生むにはそれがすべてということはない。あくまでも〝HOW TO GO〟における一例だ。しかしながら「この曲ってこうですよね?　こんなノリですよね?」ということを安直に決めてしまうものが「タテ」つまり、「ノリ」に関わる拍の位置をグリッドしてしまうことなのかも知れない。すなわち「8ビート」や「四つ打ち」など、実は日本でしか使われることのない、定義をあっさり決めてしまっている安直な用語が、オーディエンスやミュージシャンたちの「ノリ」を「タテ」や「ヨコ」に限定してしまっているのだ。

（2014年2月号）

※1 〝HOW TO GO〟：くるりが2003年に発表した11枚目のシングル。

86　鍼とクリック

生まれて初めて（厳密にいえば違うけれど）身体に鍼をうってもらった。首に6ヶ所、背中に4ヶ所、腰に4ヶ所。

痛み、というには少しばかり大げさな、チクッとした感触があるけれども、鍼が刺さっている、という感覚はないに等しい。だが、直後に感じる鈍痛というか、重い違和感のおかげで、あぁ、患部は感覚が麻痺していたのだ、ということを知ることになるのだ。

私は鍼灸師に「鍼治療というものはそもそも、いったいどのような仕組みになっているのか」と問うてみた。

鍼灸師曰く、鍼、すなわち異物が身体の中に侵入することによる条件反射、もしくは鍼で傷ついた部分を身体が自然治癒する能力を生かして、血流が悪かった部分を目覚めさせ、自発的に治癒を促すということらしい。

なるほどなるほど、と感心しているうちに、身体がふうっと楽になっていくのがわかる。そして、これは何かに似ているな、と思った。

演奏におけるグルーヴやビートのあり方だ。

楽曲を演奏していると、ハシる、モタるといった感覚に悩まされることがある。バンドをやったことがある人にはわかりやすいフィーリングだろう。

なぜハシるのか。それには様々な理由がある。気持ちが高ぶって先へ先へと自分のテンポが行ってしまう、速いフレーズを詰め込む際に弾いている本人がよくも悪くもフレーズに酔ってしまう、楽曲の無理な構成のためにイメージでテンポを作ってしまう、などなど。

モタるのは少し違う。たっぷり歌いたいシンガーのテンポに釣られて、そこに実在すべきではない「タメ」を作ってしまう、速いパッセージが練習不足などで弾けていない、など。

ハシっても、モタっても、バンド全員でそのフィーリングを共有していたならば、全員一丸となってハシったり、モタったり、いわゆる「味のある演奏」や「バンドのダイナミズム」を演出することができる。しかし、多くのバンドマンたちが「あいつはハシる」とか「あいつはモタる」といったことに日々悩まされている。私もそうだ。まぁ、原因はたいてい私なんだけれども。

演奏において「○○してはいけない」とか「○○するべきだ」といった物言いはとても難しい。音楽というものは複雑なもので、シンプルに分析できるものではない。

ハシる、あるいはモタるバンドがそのことを理由に悩んでいたとして、私はその解決方法を簡単に教えてあげることはできるだろう。けれども、それをクリックや編集で矯正することを善ととるか悪ととるか、というジャッジは大変難しい。

新人バンドのレコーディングで、クリックを使ってレコーディングをすると突然、演奏が生気を失うことがある。バンドの持つグルーヴが失われてしまうのだ。そもそも、アンサンブルというものは幾つかの勘違いのもとに成り立っているものが多いのだ。ハシったり、モタったりを、ミクロレベルで繰り返しているのだ。

善し悪しは抜きにして、クリックに合わせて演奏するにはどうすればいいのか。

バンドのアンサンブルに鍼を入れるのだ。

バスドラムのチューニングを、その楽曲の調に合わせるだけで、ビートがどんと座って、他の楽器の音が聞こえやすくなるかもしれない。ギターの音色の歪みを控えめにすることで、カッティングが見えやすくなってリズムがくっきりするかもしれない。ベースを指弾きからピック弾きに変えるだけで、アンサンブルがまとまるかもしれない。仮歌を歌いながらリズムを取ると、意外とやりやすいのかもしれない。

クリック、は音楽的には「異物」である。だって、お客さんは聴かないものなんだもん。だから、音楽的に聞こえるように、クリックを聴くのです。鍼を身体が受け止めるように、その音楽がクリックを受け止めると、演奏は変わってくるのです。長くなったので続きはまた今度。

（2014年3月号）

87 揺らぎ

その昔、サニーデイ・サービスのシンガー・ソングライター曽我部恵一氏と箱根に旅行に行った時、彼は口癖のように「揺らぎ」という言葉を連発していた。

ここでの「揺らぎ」は、おそらく、音楽やそのビート、構成上の硬い枠組み、それらを想起させる意識や考え方に対して使われていた言葉なのかな、と解釈している。

以前何度も「BPM論争」に物申したが、これにて決着をつけようと思う。「揺らぎ」こそが音楽に必要な独自の感覚であり、それを身につけていない若い演奏家達が多いので、何か参考になれば、とも思う。

ラモーンズ[※1]というポップパンク・バンドが、8ビートと呼ばれる、4／4拍子を8つのハイハットと奇数拍のキック、偶数拍のスネアに割り当てたドラム・パターンを一般化させ、ロックンロールスタイルの演奏に当てはめた。小さな発明だった。ただ、下記の理由から、功罪を生むことになる。

ロックンロールのリズムは、4／4拍子を3、3、2で割ったものである。特にドラムは、その感覚がなければテンポをキープすることができない。ラモーンズは、そこに敢えて、ノッペリしたパターンをはめてみた。すると、演奏のし易さなのか、演奏のわかり易さなのか、バンド初心者を中心に普及した。「四つ打ち」と呼ばれるものが普及する2000年頃までかけて、4/4拍子のロックンロールは、20年あまりもの間、本来の骨組みではないものによって演奏され、そのまま衰退した。

ラモーンズのことは置いといて、3、3、2で4拍子をとるスタイルについて考えてみよう。チャック・ベリー[※2]の〝ジョニー・B・グッド〟[※3]のイントロのあのギター・フレーズが、3、3、2拍子にバッチリハマることは、初心者のあなたでも想像に難くないだろう。むしろ、初心者の方が、そこで本物に触れておくと、正しい物差しを得ることになるのでラッキーだ。

スポーツの応援などで使う三三七拍子なども、ラモーンズ的なドラムをはめてしまえば4/4拍子的なものになる。でも、応援されているほうは、アガらない。それは何故か。

3と3、あるいはそこと7の間の8分休符、そしてそれぞれの音符の長さを、みんな知ってるから自然に演奏できる、つまり、いちばん自然な状態のものが身体に入っているから、3、3、7拍子を演奏するわけだ。しかし、構造的に単純に見えるラモーンズ的なビートにそれを当てはめ出すと、グルーヴが病気になる。一見大丈夫そうなんだけど、根本的治療が必要になる。ノれないのだ。

何故なんだ。音が小さいからデカくすればいいのか、楽器を変えればいいのか、何なのか。

「揺らぎ」である。

野球の応援に行くと、外野応援席の応援団の叩く太鼓の音に合わせて、みんなメガホンを叩いたり応援の台詞や歌を口にしているが、テンポがヨレない。練習なんて、応援団のトランペットの人くらいしかしないはずなのに。

本来「揺らぎ」と呼ばれる、人間の呼吸や脈動に由来する絶対音感ならぬ「絶対テンポ感」が生む、「次出す音」までのスピード感が、音符のダイナミクスと休符の深さを決めているのだ。だから、クリックよりも「揺らぎ」を頼りに演奏したほうが、音楽的になる。

あと、曲の速い、遅いの分別を、間違ってる人多いのでここで物言い。

BPMとは、便宜上のものである。細かい音符を入れなければならない遅い曲や、大きな音符で進んでいく速い曲があり、それらで「揺らぎテンポ感」が異なる。どちらが速いか遅いかはテンポによるが、前者の演奏のほうが難度が高く、後者のほうが安定感を求められる。

アニメやボカロ音楽をはじめとする、速い和製バブルガム・メタル・インダストリアル音楽と、そのテンポについて語る評論家を否定する気はさらさらないのだれど、今まで「揺らぎ」を持ったものに出会ったことがないので、少し違和感を感じるのです。何かいいものがあれば教えてください。

（2014年4月号）

※1　ラモーンズ：アメリカのパンク・ロックバンド。メンバー全員がラモーンの姓を名乗っている。
※2　チャック・ベリー：アメリカのギタリスト。ロックンロールの創始者の一人と言われている。2017年、96歳で死去。
※3　〝ジョニー・B・グッド〟：チャック・ベリーが1958年に発表した楽曲。

88　つなぎのテクニック

音楽を演奏していたり、歌詞を書いていたり、リズムやコードのアレンジをしていたりして思うのが「つなぎ」が非常に重要だということ。

ヴァース（Aメロ）と、コーラス（サビ部分）を上手く繋ぐのはブリッジ（Bメロ）だったり、曲構成の中でブレイクや転調を上手く使っている曲は、聴いていて心身共に持っていかれる。

歌詞も、主人公の行動と心境を繋ぐ為の、周りの環境や状況の説明が機能すると、音楽の力を借りて、言葉たちはグンと立体的になり、意味を持ち始める。

ドラムのなんてことないフィル・インやベースの経過音、空ピックで出すギターノイズだったり、こういうテクニックって「つなぎ」の為にできたものだと思うんだ。

出会って即好きになって肉体関係になってその人しか愛せなくてすぐに結婚することもあれど、おそらく多くの人たちが、葛藤や迷いと共に、色んなことを立体的に考えて、陰影のある毎日と照らし合わせ、幸せを探しながら恋を成就させているに違いない。

出会ったのは偶然で、何かの縁か、たまたま二人は同じ時間を過ごすことになった。その時はお互い、これと言って特別な感情など持ってはいなかったはずなんだけれども、後から思い出してみれば実はあの時、少しの下心と何かしらの勘がはたらいて、連絡先を交換したんだよ。

お互い恋人も居たし、仕事で会うこともあれ以来なかったけれど、何となく気になって、メールをしてみたんだよね。その頃は、お互い仕事も忙しくて、疲れていたのかな。なんだか恋人ともうまくいかなくなっていた。

君のことが気になるから、という理由だけで恋人と別れたりとか、まさか恋人と君を天秤にかけたりなんて、馬鹿馬鹿しくてできないと思っていたけれど、小雨が降る夜、1人公園で缶コーヒーを飲んでベンチに座っていたら、君のことばかり考えていたんだ。

と、まあ、話を続けると長いわけです。

でも、大事なのはやっぱり「つなぎ」だと思うんです。

いい曲書こう書こうとすれば、いい曲書こうと頑張っちゃうんだけど、やはりどんな主題であろうと「つなぎ」次第で名曲になるんだなぁ、と思う今日この頃です。

（2014年5月号）

89 クラシック音楽の持つ先入観

クラシック音楽を聴いてみたいんですが、何からどうやって聴くのがいいでしょうか、てなことをよく訊かれる。

ロックやジャズと違って、18世紀頃から脈々と続く音楽の歴史を紐解くには、あまりにもアーカイブと謎が多い音楽ジャンルでもある故に、どこから手をつければいいものか、なかなか難しい。加えて、著作権も無くなっている音楽なもんだから、TVのコマーシャルや学校の運動会なんかで使われたり、適当なアレンジもやりたい放題なわけだから、聴き手の先入観も半端ない。あと、日本の場合だと音楽教育（ピアノ教室など）も、クラシック音楽に対する一つの先入観を働かせるきっかけになってるんじゃなかろうか。

クラシック、というひとことで片付けるには、あまりにもジャンルが幅広いものである。古楽から現代音楽まで、時代との折り合いをつけながら、様々な演奏や作曲のスタイル、指揮者や演奏家、オーケストラなども様々で、ロックやポップスのそれとは違って、同じ曲でも沢山の音源が存在する。

指揮者が違うだけで、演奏の解釈が全く違う。我々聴き手はそういう意味でとても贅沢なチョイスを楽しむことができる。

ヘルベルト・フォン・カラヤン[※1]という指揮者は、我々の知っているクラシック音楽のイメージを作り上げた偉人である。

楽器のチューニングや楽曲のテンポを上げ、タイトで明るく、張りのある演奏に仕立て上げた原曲を録音し、多くのＣＤとなり世に広まった。

カラヤンで慣れてしまっている耳に、衝撃が走ったのは、ニコラウス・アーノンクールという指揮者の演奏を、生で目の当たりにした時である。

ヴァイオリンなどの弦楽器による大きなヴィブラートは、クラシック音楽における「イメージ」の代名詞だが、アーノンクールは、演奏者にあまりヴィブラートをさせない。

彼自身の楽団、ウィーン・コンツェントゥス・ムジクス[※2]では、18～19世紀の音楽を、当時のやり方、つまり作曲者の意図をできる限り再現することに腐心していた。

楽器はチェロ風だけど、弦が一本多かったり、ギターのようにフレットが付いていたり。楽譜はオタマジャクシじゃなくてタブラチュア、つまりタブ譜だったりするのだ。

バッハやモーツァルトが現役だった当時は、ＣＤはおろかレコードなんてものが無かったわけだから、楽譜というものが記録のすべてだった。だから、当時の譜面は、ここでヴィブラートする、とか、ここはこの音だけど、このポジションで弾いてください、という指示が細かいんだと思う。

当時の演奏法を追究するアーノンクールのそれは「ピリオド奏法」と呼ばれ、技術的にも難しいものらしいが、ノン・ヴィブラートで古楽器から響く倍音の美しさたるや、この世の音楽とは思えないほどだ。

カラヤンによって再構築されたものを聴き慣れているもんだから、アーノンクールのそれは全く別ものなんだけど、バッハやモーツァルトは、こういう音をイメージしていたんだろうなと思った。音が心の中の景色を増幅させるんじゃなくて、景色が全く消え失せて、自分の耳が何か生き物のようになって、身体が音と戯れている、そんな音楽だった。

（２０１４年６月号）

※１　ヘルベルト・フォン・カラヤン：オーストリアの指揮者。１９５５年より１９８９年までベルリン・フィルハーモニー管弦楽団の終身指揮者・芸術監督を務めた。
※２　ウィーン・コンツェントゥス・ムジクス：オーストリア・ウィーンを拠点する古楽器オーケストラ。

90　もしもボカロPになったなら

くるり新作のレコーディングの為に、わりと長いことスタジオに籠もっていた。

ＢＰＭ200越えの高速ハードロックや、くるりらしいゆったりしたテンポのギターロックもありながら、サンバやワルツ、ダブステップからハウス、現代音楽まで、様々な要素で構築されている楽曲が多く仕上がった。

曲によっては、ウィーンの顔馴染みのミュージシャンたちとデータのやり取りをしたり、チャラン・ポ・ランタンというバンドのアコーディオン奏者をゲストに呼んだりもしたが、殆どの楽器を自分たちで録音した。

どうしても変わった響きが欲しいので、ギターじゃなくてシタールやエレクトリック・サズ（微分音のでるトルコの楽器）などを弾いたり、ファンファンもトランペットじゃなくてフリューゲルホルンを吹いたり、佐藤も曲によっては様々なベースを使ったりした。

でもそれ以上に、いわゆる「プログラミング」、つまり打ち込みで、多くのプロダクションを行った。

「打ち込み」というと、テクノやハウス、ヒップホップなどのダンス・ミュージック的な音像を想像される方が多いだろうが、我々は生楽器のサンプルなどを使い、オルガンやピアノを打ち込みで作り込んだ。

今はボーカロイドなんかが全盛の時代で、歌までプログラミングで作ってしまえる時代なのだ。

流石に我々はボカロには手を出さなかったが、それに近い手法で、様々な楽器を、まるで人間が弾いたかのようにプログラミングしていった。

自分たちでも興味深いのが、バンドのセッション、つまりゼロからバンドで即興のアイデアを出しながらのザックリしたセッションをして骨組みを決め、歌メロと歌詞、コード進行をだいたい決め、スタジオに入り録音し、それを解体しながらプログラミングで再構築していくという、いわゆるリミックスのような手法で楽曲を仕上げていったことだ。

人間が弾いたかのような、というものは、人間が弾いたものとは、全然違うものだ。

それは、シャケの卵と、コンビニで買ったいくらおにぎりに入っている塩味の赤いデンプンくらい違う。

ホンモノを求める人にとっては大きな違いがあり、そうでもない人にとっては大した違いはない。

私は魚卵が好きでコンビニが嫌いなので、おにぎりに関してはその違いはとても大きい。けれども、白熱灯とLED灯の違いを追究するにはまだ至らない。

ボーカロイドというものは、私のような歌の下手な歌手にとっては、商売敵になるのではないかとずっと恐れていた。正確無比で、今後の技術の発展によって、より人の声に近づくはずだ。ボーカロイドから発せられる人の声風の音を聴いて、季節感や自分の思い出のようなものまで想起されるようになるまで、さほど時間はかからない気がする。

私がもしもボカロPならば、現在あるようなヲタ向けのアニメっぽいものでもなく、何人かの作曲家が取り組んでいる芸術音楽でもなく、情景や心情を綴ったフォークソングやブルースを歌わせるに違いない。何故なら、それがいちばん難しそうに今は思えるからだ。

最早人の声で歌われている（はずの）ものも、ピッチ編集ソフトによって、加工されているものばかり聞こえてくる。国内のポップスやロックもそうだが、欧米のヒット曲の方がその割合が高いように思う。

ラジオから宇多田ヒカルのヒット曲が流れてきた。心が揺さぶられる。やはり、人の声による魂の歌唱には、機械は追いついていない。機械を使う側が、人の心や息吹、自然に意識的でないといけないんだろう。

（2014年7月号）

91　トイレボリューション

全く音楽と関係ない趣味の話。

個人的に、水洗トイレに興味がある。水洗トイレというよりは、洋式便器。以前ここでトルコ式便器についての話を書いたが、ここではどうでもいいトリビアということで、洋式便器を中心に興味深い話を書こう。

幼少の頃、つまり1970年代後半から80年代初頭の話。

水洗トイレのタンクには、20リットル近い水が貯められていた。レバーを引くと、20リットルの水が便器にドシャーッと流れ込み、洗浄する仕組みだ。

日本はオイルショックの真っ只中、所謂「清貧の思想」とは異なる「節約」が叫ばれるようになった時代だった。

その後数十年かけて「節水」が便器開発の大きなテーマとなる。

近年、某大手便器メーカーが「かつてない程の超節水型便器」をリリースした。一度の洗浄に必要な水は、僅か4・5リットルなのである。

便器に残された汚物を、完全に洗い流すために、様々な工夫の歴史があった。

水を減らすと便器内の乾燥面が多くなり、こびり付いた汚物を流すことができない↓水を大量に使う↓無駄が多い↓サイホンの原理（コーヒーのアレとか、水槽の水を替えるときにホース吸い込んでゴボ圧力差を生み出すアレ）を使って、渦状に吸い込みながら流れることで節水↓サイホンによってゴボゴボと汚い音が出る↓便器に使われている陶器の材質を工夫し、こびり付きを減らす……など。

これらすべての方式の、長所を生かしながら、理想の「少量の水でしっかり流し、音が小さい」という便器が開発されたわけだ。水洗トイレの革命である。

少ない水を、横2方向から弧を描くように流し、水流の渦を作り、別に縦1方向から巻き込むように出てくる水流でそれらを飲み込む。なんのこっちゃだろうが、これが発明だったのだ。

これまでは、1方向ないしは2方向の流れで水を流していた。これがようやく立体的に、つまり3Dで水を流すようになったのだ。

無理やり音楽の話をすると、それまで大太鼓、小太鼓、シンバルそれぞれの演者が必要だったのが、ドラムセットを叩くドラマーひとりで、ビートやグルーヴを鳴らすことができるようになったことに少し似ている。

世の中には、平面の良さもある。でも、立体的にすることによって、初めて見えてくるものや、無駄を省くことができるものがまだまだあるようだ。

（2014年8月号）

92　レゾナンス

初めてイヤホンで音楽を聴いた時のこと。

音楽に夢中になり始めた１９８８年初頭、ＣＤプレイヤーなんてまだ買えなかったから、小さいラジカセでＦＭからカセットテープに録音して、毎日のように繰り返し聴いていた。

親父のものか母親のものかはわからないけれど、タンスの上にステレオイヤホンが付いたカセットプレイヤーを発見した。中には久保田利伸と書かれたＴＤＫのカセットテープが入っていた。

恐る恐る耳にイヤホンを突っ込んで再生してみた。世界が変わった。

久保田利伸さんの音楽に特段思い入れなんて無かったし、今でも特に無いけれど、その時、彼が何を表現したいと思っていたのか、すべてわかったような確信があった。

初めてＣＤで音楽を聴いた時のこと。

１９８８年末、サンタさんがＡＩＷＡのＣＤダブルラジカセをプレゼントしてくれた。

初めて、CDを買って聴いた。カラヤン指揮、ベルリン・フィル[※1]演奏によるグリーク[※2]作曲『ペール・ギュント』と『ホルベルク組曲』。

世界が変わった。弦のこすれる音がする。演者が譜面をめくる音がする。モノクロのイメージがカラーになった。

初めてハイレゾ音源を聴いた時のこと。

2014年春。自分たちの曲を聴いた。世界が変わった。ミュージシャンになっていた俺が、録音しても再生されない周波数帯域に対して諦めていたところを聴くことができた。自分たちの音源を、録音している時、或いは、その曲を作った時、それぞれの景色や記憶が再生された。スタジオの広さや、温度まで。

音楽、多分聴きかた、聴かれかたがこの先数年で大きく変わっていくと思っている。

(2014年9月号)

※1 ベルリンフィル:ベルリン・フィルハーモニー管弦楽団。ドイツ・ベルリンに本拠を置くオーケストラ。

※2 グリーク:エドヴァルド・ハーゲルップ・グリーグ。ノルウェーの作曲家。代表作に『ペール・ギュント』『ホルベルク組曲』など。

93　全員敵にしてでも俺は激おこぷんぷん丸なのよ

ミュージシャンとアーティスト、ってどう違うのか。

言葉尻とその具体的な意味だけつかまえると、音楽家／演奏家、と芸術家、という違いがあるが、まったくもってその通りなのである。

プロ野球選手にも、そば打ち職人にも、ＳＥにも、電気機械のメンテナンス技師にも、芸術家的なセンスを仕事にしている人は世の中にたくさんいて、これを読んでいるあなただって、これを編集している編集部員だって、なんらかの芸術家的側面を少なからず持っているはずだ。人生を形作っているものって、芸術的ひらめきによって推進するものだ。恋愛でも、仕事でも、介護でも、なんでもそうなんだ。

でも、プロ野球選手やＳＥの肩書きが「アーティスト」になることはない。比喩的な愛称でホームラン・アーティストだとか呼ばれることはあっても、職業＝プロ野球選手なのである。

我々も、職業＝音楽家なのだが、この世界ではそこの線引きが曖昧なのである。現場によっては「アーティスト」と呼ばれ扱われるので、アーティスティックさを醸し出さねばならず、二足のわらじを履いている。いや、一足半か。

フェスのバックステージにある「アーティストエリア」と呼ばれる場所には、多くのミュージシャン、つまり出演者と、そのマネジメントなどのスタッフ、そして誰なのかよくわからないギョーカイの方々がごちゃまぜになってわんさか居て、タダ酒を酌み交わし、ケータリング飯を食ったりしながら、知り合いを見つけては「ひっさしぶりー！　最近どぉ〜？」的などーでもいい話に花を咲かせている。ちなみに、そのエリアにはモニターが数台あり、幾つかのステージのライブ映像が同時に中継されているのだが、無音なので、冷房の効いたそのエリアで観る汗だくの出演者たちのモニター越しの姿がとても滑稽に映る。マイナスプロモーション甚だしい。ちなみにそこに居る人たちはあまり他の出演者のライブなど観ずに一日中だらだらしている。

音楽家を「職人」として扱うのか、「芸術家」として扱うのかでクライアントの対応は変わってくるものだと思う。ただ、フェスの裏側というものはそのほとんどが「ギョーカイ人」が喜ぶようにできている。夏フェスなどが一般化してから10年の月日を経て、誰が意図したのかはわからないが、大変滑稽な、ひとつのスタイルが完成しつつある。この光景はまったくもってアーティスティックじゃないので、出番を待つ自称「アーティスト」にとっては堪え難い俗っぽい空気感がはびこる「アーティスト」エリアなのだ。

アーティストたるもの、誤解を恐れずに言うと、人の言うことなんて聞いちゃいけないし、アーティスティックじゃないものに毒されるような環境にいちゃ駄目だ。そんなわがままが許されるのは、他人の人生を左右するくらいの「芸術」を生み出すからでしかないんだ。だからお金と敬意を払ってくれる人がいるんだ。

官僚と政治の癒着がさまざまな害悪を生み出していることは、少しでも社会に目を向けている読者の方なら実感しているはずである。「音楽ギョーカイ」と呼ばれるものも、おそらく近い将来自分たちで処理できなくなった害悪が足枷になって、大きく傾いてしまうことだろう。レコードメーカーの合併吸収のイザコザに巻き込まれた挙げ句、完成したアルバムをリリースできなくなったバンドの話なんかも耳に入ってくる。最後の最後は、アーティストがアーティストたるべく地道に頑張るしかないのだ。

（2014年10月号）

94 ロックバンド

ロックバンドってすぐ解散するよね。

だいたい学生時代からの友人同士とか、同じコミュニティに居た奴らが、たいした目的もなくやってたバンドが、あれよあれよという間にスターダムにのし上がり、音楽への情熱や仕事への責任みたいなモノが生まれ、そこに対するメンバーそれぞれ意識の個人差が生まれ、バンド内を引き裂いていく、というのが定説。

青春時代、貧困と一生童貞のままなんじゃないかという強迫観念に苛まれながら、一体将来どういう風に生きていかなくてはならないのか、とか考えるの面倒臭い。そんなことから最も遠い距離にある自由を鳴らすのがロックバンド。音を鳴らすだけで俺たち最強、っていう感覚になることができるのがロックバンド。残念ながらこれには賞味期限がある。小銭と恋人くらいすぐに手に入ってしまうのだ。

ロックバンドのメンバーの彼女(彼氏)って、とにかく面倒臭い奴が多い。人気者って辛いのだ。沢山の嫉妬や愛憎にまみれることになる。パブリックな立場の人間という意味では、芸能人と変わりない。そして、恋人にとってもバンドマンは付き合うには面倒臭過ぎる。リスクが高過ぎる。あと、メンバー同士での取り合いや穴兄弟、そして何よりもバンド内恋愛は確実にバンドを崩壊させる要因だね。

音楽への情熱、もそうだけれど、楽器の練習しないメンバーがいると辛いよね。下手くそに偉そうにされるほどステージ上やスタジオ内の磁場が悪くなることはないからね。あと、ボーカリストが音痴だとホントにメンバーは辛い。調子悪い時は、ライブの度に脱退したくなっちゃう。

長いツアーも大変だね。バンドってTシャツ売るのが仕事だったっけ、って思うくらい、ダンボールの山。あと、ライブハウスの匂いって、最初はいいけど2公演目で慣れて、くっせー、って思うのよね。そして、ライブハウスって大体繁華街にあるから、バンドマンは観光地には行かないのよ。ツアー先での遊びが、民度低くて呆れる。

ライブの打ち上げをなんでやるかって言うと、オンステージで出たアドレナリンを大人しくさせるためには、アルコールやセックスが丁度いいのだ。それがなければ夜眠れないほどの覚醒状態に悩まされる。あとはバカ食いかバカ騒ぎで落ち着かせるしか方法が無いな。そんなこと毎晩やるには、よっぽどメンバー仲良くないと無理だね。

ロックバンドって解散したら終わりなんだよ。解散しなくても終わってんだから、わざわざ解散してどーすんのって思うけれど、やっぱり大変なんだよロックバンド続けるのって。

（2014年12月号）

95　居酒屋

ロック・ミュージシャンやその業界関係者は、スタジオやライブハウス、事務所のオフィス、或いはツアー・バンや新幹線の車内などで一日の大半を過ごしていると勘違いされがちだが、彼らはほとんどの時間、居酒屋に居る。

次のアルバムの構想や、ツアーのセットリスト制作、領収書の整理やネット・ショッピングまで、ほとんど居酒屋で済ませる。

居酒屋は素晴らしい。

言うまでもなく居酒屋はレストランやバーよりも安くて美味いものが飲み食いできるし、煙草も吸える。我々ロック稼業にとっていちばん魅力的なのは、居心地がいい居酒屋、という絶対的なポイントであると同時に、唯一の社会なのである。

物販の打ち合わせの為に入った小さな赤提灯の居酒屋。カウンターの中には60代半ばくらいのおカミさんと、エプロン姿の若いお姉さんのふたり。カウンター6席ほどで、常連のおじさんが独りでぬる燗をチビチビやりながら、ぬたをつまんでいる。

手前には狭い4人掛けのテーブル席がふたつ。片方には若いサラリーマンがふたり、小さい鍋をつつきながらスマホとにらめっこをしている。

BGMは無い。天ぷらを揚げる音と、必要以上にいそいそとお通しを運んでくるお姉さんの声だけで、既に武骨なグルーヴが完成している。片方の木目の壁と、カビや油が染み込んだタイルはその古さや汚さなんかよりも、アナログ・レコードのような柔らかい安堵感を想起させる。

アサヒビールのポスターの中では、いささか古めかしいグラビア・クイーンが微笑んでおり、破れてしまっている場所は茶色くなったセロテープで貼り付けてある。

我々は生ビールを飲み干し、お通しで出てきた鶏肉と大根の煮物をつまみながら、芋焼酎を飲み始める。アテには薩摩揚げと、馬刺、菜の花のカラシ和え、そして、鯖の文化干しを注文する。

酒が進むとともに、物販の打ち合わせがもやもやしてくる。話の内容はすぐに音楽業界に対しての愚痴へと変化する。いつものことだ。くだらない。それでも、幾つかの笑い話を交えながら品のない話へと発展していく。向こうでは、カウンターに居る常連のおじさんがエプロンのお姉さんにちょっかいを出している声が聞こえる。おカミさんがそれを軽く往なし、おじさんはこっちを向いて、兄ちゃん兄ちゃん、酒を飲んでも飲まれるな、だってよ、がははは、と笑いかけてくる。

おカミさんはこっちを向きながら、あんたたち、こんな飲んだくれは放っておきなさい、若いっていいわねぇと話しかけながら、エプロンのお姉さんに小皿を手渡し、これサービスだから食べなさい、とポテトサラダをわけてくれた。

立て付けの悪い戸がガラガラと開き、新規の客がふたり入ってきた。白髪まじりの品の良い紳士と、30代後半くらいの身なりのよい女性がカウンターに座った。砂肝炒めをアテに、小さい声で微笑みあいながら、彼らは赤ワインのボトルを開けてごぶごぶ飲んでいた。

隣のテーブルに座っていた若いサラリーマン達が精算を済ませ店を出る直前に、この間ライブ行きました、凄くファンですと声を掛けてくれた。こっちは物販の話とか業界の愚痴を言ってるんだから、掛けるなら早く声を掛けてくれよと内心思いながらも、頑張って仕事をしてそうな奴らが、こんな我々の音楽を聴いてくれているんだなと、感謝の気持ちが溢れたのでもう一杯飲むことにした。

最後の一杯にしようと芋焼酎を追加し、相方を置いてトイレに行く。和式のくたびれた便器にじょろじょろと小便をしながら、一気に考え事をする。ここに居る理由と、自分自身の音楽について。

（2015年1月号）

96　ゴミのような夜

深夜2時。

地方都市のビジネス・ホテル。浴衣に着替えるか迷った末、Tシャツとパンツ一丁で漫画雑誌を読みながら缶チューハイを飲む。

暇なので普段読まない連載漫画まで目を通す。正直画風が苦手なので今まで読まなかったんだけれども、やっぱり面白くない。よっぽど読み切りの新人のほうが面白いな。でも、自分の仕事をそんな風に評価されるのは嫌だな。ちゃんと敬意を持って読もう。いや、待てよ、面白くないものは面白くない。

巻頭のグラビアを一度隅から隅まで観てみようと思い、観る。股間がむずむずしてきたので、触る。

小便がしたくて仕方ないことに気づいたので、20秒で止め、トイレで用を足す。小便が止まらない。頭が痒い。Tシャツからお好み焼きと煙草が混じったような匂いがする。

ここまでの感情の動き、ほぼ無し。サバンナや戦場だと、2秒も経たないうちに死んでしまうんだろうな。

明日仕事だが、昼からなのでレイト・チェックアウトにしよう。一杯だけ、飲みに行こう。駅前まで歩いてみたけれど、道すがら一軒たりともやっている店が無い。コンビニとハンバーガー店だけ灯りがついている。

ハンバーガー店に入り、コーヒー、チキンナゲット、フレンチフライを注文する。449円になります。中途半端な額だな、面倒くさい、と思ったけれど、丁度450円小銭で払う。1円のお釣り、要らないなと思ったりしているが受け取る。レシートは要らない。

長く無機質なベンチ・シートにはぽつぽつと熟睡する若者、おじさん、おばあさんの姿も。授業中寝ているような格好で、みんな物音ひとつ立てずに寝ている。

店のスピーカーからは、最新のヒット曲がけたたましく流れる。誰がこんな音楽を買うんだろう。ヒットしているから、その辺の人たちみんな買うんだろうな。俺は孤独だな、今。

全部食べられずに残すと思っていたチキンとフライもなんとなく全部平らげていた。美味いとも不味いとも思わなかった。良くないな、こういうの。でも、丁度いい量だった。眠気が襲ってきたけれど、なんでコーヒーなんか注文したんだろう。

スマホでネットのニュースをチェックする。さっき観た時から変わっていない。世間の動きというものは、こういう時にはゆっくり過ぎるもんだな。

スマホの画面が油まみれになったので、紙ナプキンで拭きまくる。て言うか、このスマホを持っている手の角度、姿勢、目からの距離感、すべて身体に悪いな。いや、そうでもないか。いやいや、良くはないな。足を組んでるのを止めて背筋を伸ばしてみよう。うむ、俺、多分しかめっ面で、背筋だけ伸びていてすごくみっともないんだろうな。まぁ、どうでもいいけど。

さっきのグラビア・アイドルは一体何処の誰と、ファースト・キスを交わしたのだろう。嫌だなぁ。そんなこと、まだしちゃダメだよ。

感情が、ほんの少しだけ動いた。


（2015年2月号）

97　空に舞う花束

きのこ帝国の〝海と花束〟[※1]という曲が好きだ。

普通の男女の、別れを歌った普通の歌を、なんだか久しぶりに聴いて心が震えた。

そういう歌、ほかにもいろいろあるんだろうけれど、自分の耳に入ってくる音楽の中には、ここしばらく無かったタイプのものだ。

悲しみやネガティブな心境を歌う時、気持ちとは裏腹に景色が晴れ渡っている＝サウンドが喜んでいる、というタイプの曲だ。そして、曲全体に時間の流れを感じるような、強い風が吹いている。

『インターステラー』[※2]や『クラウド アトラス』[※3]など、最近の映画では、時間の流れが大きなテーマになっている。そういうモノたちとは随分違うだろうけれど、それらの大仰さを、そっと手のひらサイズにしたかのような、人肌が風に晒されているような感覚がある。曲中の主人公が秒単位で、後悔と前進と諦めを繰り返しているのが生々しく描かれている。

歌詞のはなしだけではない。偶然の産物なのか、確信なのかはわからないけれど、雄大にうねるギター・サウンドの壁、ノイジーな金物と少しハネた6／8拍子のリズム、そして何よりも、今いるこの場所を飛び出せば、きっと安らかな場所へ行けるはずだと確信しているはずなのに、踏み出すのをためらうことができる少しの余裕……そんな感情の揺れを表現する声色と音程感。

何はともあれ、6／8拍子というものは、日本語にとって、或いは日本のあちらこちらでの生活にとって、少しばかりの余裕と、緩やかな連帯感を生み出すモノだと思っている。

グルーヴ、という言葉が当てはまるのかどうかはわからないけれど、大きな部屋の中で、自分の訛りで独り言が沢山言えるような、そんな拍子である。だから、本音がつい出てしまうような、そんなグルーヴなのかも、などと思った。とても素敵な曲だ。

（2015年3月号）

※1 〝海と花束〟：きのこ帝国が2013年に発表した1st EP『ロンググッドバイ』収録曲。
※2 『インターステラー』：クリストファー・ノーラン監督による2014年のSF映画。
※3 『クラウド アトラス』：デイヴィッド・ミッチェルの小説を原作に2012年に公開されたSF映画。

98　音楽と共にあるということ

音楽を聴くことは、2015年現在、とても不便なことのひとつだ。ダウンロードかコピーをしてスマホで聴くか、フェスやライブイベントに行くことが当たり前の時代。

音楽を聴いていて、グッと来る瞬間というものは人それぞれだけれども、いちばんグッと来るのは、これだ。

いいオーディオで聴くこと。イヤホンやヘッドホンじゃダメ。いいオーディオなんてピンからキリまであるけれど、数万円は掛けたほうがいい。必ず、払ったお金以上の悦びを得ることができる。

最低限必要なものは、CDプレーヤーと、プリアンプかパワーアンプ、そしてお気に入りのスピーカーだ。

聴くのも、CDかアナログ・レコードをお薦めする。ハイレゾとかもいいけど、まだ環境がそこまで整っていない。

オーディオを手に入れたら、先ず好きなCDやレコードを聴いてみるのがいいけれど、色んなジャンルのものを聴き比べることをお薦めする。アーティストや盤によって、音が気持ち良いものと、そうでないものとに分かれるから、気持ち良いものを選ぶのがいい。

とりあえずそこまでやると、世界が変わる。それは、丁寧に作られた音楽の素晴らしさがよくわかるからだ。そして、シンガーや演奏家たちの、息遣いがわかるからだ。あなたの持っているCDが本来持っている、風景や匂いまでよくわかるようになる。

悪いことは言わない。ライブやフェスに行くのを少しだけ我慢すれば、手の届く範囲のもので、音楽があなたの生活にとって何百倍も素晴らしいものになる。

最後にひとつ。あなたの部屋は、オーディオ次第で「楽器」になる。部屋によって、同じオーディオを使っていても、聞こえかたが全然違うんだ。

（2015年4月号）

99 雑感

この仕事をしていると、シングル曲を作る時、「派手な曲」を作ってくれとお願いされることが多い。「派手な曲」っていったいどんな曲だろうと考えてみたけれど、どちらかと言うと普段「地味な音楽」を聴いている僕にとっては、なかなか想像することが難しいものでもある。

まず、音質が派手なものが好みではない。中域がファットな昔風のサウンドが好きだから、自分が気持ちいい音づくりをしていくと、テレビやラジオのスピーカーから流れた時にモコモコした音になってしまうことがある。

だからと言って、高域低域をグンと伸ばした音づくりをすると、作っている最中に耳が疲れて嫌になってしまう。うるさい！ってな感じで。

派手な歌詞、っていうのも好みではない。人の気を引くことができる強い言葉って、聴いているうちに飽きてくるし、なにより日常的にそんな言葉を使って僕は喋っていない。

とまあ、愚痴のような台詞しか出てこないのだけれど、メリハリというか、ハレとケのようなことを想像すると、そういう局面をくぐり抜けることって案外簡単なことだったりする。

声のデカイやつは、派手に何かを伝えることが簡単に見受けられる。けれども、声のデカさにかまけて、内容は大したことを言っていないこともしばしばある。逆を意識すればいいのである。雑踏と騒音の合間で、呟くような声で、凄いことを言ってやればいいのだ。

ファッションでいうところのワンポイントのカラーリングが、いったいどのような効果を出し得るのか、ということがポイントだ。

ちなみに僕は、地味な「だけ」の音楽には興味がない。けれども、何らかの主張や意図が、地味なものの中にキラリと光るものを作った時、それは、派手さを期待している人の意識なんて簡単に変えてしまう。それは音楽に限らず、食べ物だって野球だって何だってそうだ。

音楽を作る人は、自分の尺度とズレたことをやると失敗する。むしろ、自分の尺度の中で凄い発明をするほうが、ずっとクリエイティブなのである。


（2015年5月号）

100　雑感

峯田くん[※1]って、俺はただの音楽家だと思ってる。しかも、とことん音に集中して、誰よりも美しい旋律を探し求めて、インプットもアウトプットも日本人離れした広さの、ただの音楽家だと思ってる。

ミュージシャンとかロックスターは沢山いるけれど、音楽家なんて、我々の土俵では一握りしかいない。彼は、そのひとつの代表だと思ってる。誰もがゴミだとしか認識していない、あるいは気にも留めていない、彼にしかわからないような要素ひとつひとつを拾っていけばとんでもない音楽が出来上がりそうなくらい、とても音楽家だと思ってる。

俺はミュージシャンの友達というか、友達自体かなり少ないほうだけれど、彼はもっと少ないかもしれない。でも、彼は音楽が親友なんだと思う。

彼のバンドのCDを初めて聴いたのは10年くらい前の、くるりの海外ツアー中の飛行機内だった。後にも先にも誰ひとり言ってないけれど、ギターの和音と、中低域の倍音の処理が特に素晴らしかった。そこに、酷い言葉を乗せると、痺れた腕に血流が蘇るかのように、メロディと言葉が一体化する。そして最終的に、パーティーの料理みたいな音楽ができ上がる。はっぴいえんどとかブッチャーズみたいだ、と思った。でも、もしかしたらそれらよりも、大衆性のある音楽なのかもしれない、と思った。そう思っていたら、馬鹿みたいに売れた。お客さんたちの耳って、捨てたもんじゃないなと思った。

彼（ら）の最新作には、暴れ出しそうな音の粒たちを、乱反射させているような、作るのにとても時間と根気が必要な音楽が詰まっている。今も、おそらく彼は曲を作っているのだろうから、はやく聴きたい。でも気長に待ちたいと思う。

彼は決して生き急いだりはしない。雰囲気とテキトーさを大事にするやつだろうけれど、大人の考えをしっかり持っている職人気質の音楽家だ。同年代にあんなやつがいるから、うかうかしてられない。

（2015年6月号）

※1 峯田：峯田和伸。シンガーソングライター、俳優。元GOING STEADY、現在は銀杏BOYZのメンバー。

101　やっぱ好っきゃねん

関西弁と「愛の言葉」の相性は非常に悪い。関西弁と言っても、京都弁大阪弁播州弁河内弁……いろいろあるけれど。

「愛してる」とか言わない。何故ならイントネーション、つまりメロディーと言葉の意味が釣り合わないからだ。

「好きだよ」とか言わない。同様の理由である。

関西弁に訳すと「好っきゃねん」とか「好きやでー」とかになる。吉本やお笑いの深い影響もあって、真意が伝わりにくい。困ったものだ。

頑張って、標準語っぽく「愛してる」とか「好きだよ」とか言ってみる。いやいや、気持ちこもらへんし、余計嘘くさい。関西人は恋愛の局面において、苦しい戦いを強いられている。

もちろん、人を好きになった気持ちや、触れたい、キスしたい、抱きしめたい、そばにいたい、私だけを見ていてほしい、ずっと離れないでほしい、一緒に暮らしたい、結婚したい……とか、激しい気持ちは言葉がどうであれ、態度や顔色で伝わるものである。

問題は、慈愛の気持ち、すべて受け入れたい気持ちをどう伝えるのか、という部分を関西弁で伝えることが非常に難しいのではないかと、最近とみに思うのだ。

関西弁が母国語の人以外は、何を言うとるんやコイツは、と思うことでしょう。

好きな人に慈愛の気持ちを伝えたい時あなたは「I love you」と言えますか? うーん、英語圏の人と付き合ってたら、言えるかも知れない。とても素直に。

何故標準語で言えないのだろうか。関西人は関西弁に呪われている。

でも、もし関西弁が標準語ならば、恋愛のカタチは変わってしまうことだろう。もっとフィジカルで直接的な態度と、もじもじして何も言えないような奥ゆかしい態度の二極化が進むことだろう。

標準語って、恋愛のような、クリエイティブな局面において、やっぱり効率的で便利なんだろうな。万能っていうか何と言うか。

だから、しっかり真意の伝わる言葉が、いいメロディーに乗って非常に分かりやすくて売れ線なのだ。

関西弁の人は、恋愛において口下手である。

（2015年7月号）

102 雑感

東日本大震災が起こってから、はや4年と3ヶ月の月日が経った。度々起こる地震や、不穏な火山活動なんかに不安な気持ちを煽られたりすることはあるけれど、あの頃のことなんて忘れてしまったことのほうが多いのかも知れないいな。

被災地復興のことや原発再稼働に関するニュースはテレビや新聞、ネットなんかでたまに目にするけれども、なんだかもう他人ごとのように流してしまっているような自分もいる。

ツアーやライブの合間、被災地を訪れる回数も減った。被災地にいる知り合いも、それぞれの生活や仕事を立て直しながら、ようやく次のフェイズに向かっている人や物事が多い気がする。

東京にいると、そんな風に思ってしまうことが多い。現実は、少し違う。

復興の進み具合は、人口の多い街やエリアが優先される。それは当然のことであるだろうが、仙台やその近郊では、いろいろな物事が震災前の感覚に戻ってきているような気がする。被害の大きかった石巻市や、岩手県沿岸部の市町村は、大きなインフラ整備を含め、まだまだこれから復興を始めなくてはならない雰囲気である。

復興とは、物理的にはインフラ整備である。水道や電気、ガス、道路や鉄道、そして、まちづくりという名の地域再生である。

人は強い。それまでのコミュニティーを分断されても、辛抱強く耐えながら、多くの人たちがそれぞれのやり方で、前向きに心の復興を進めている。インフラ整備のあとは、心の復興である。

僕たち含め多くのミュージシャンが、彼らの心の復興と共にありたい、心の復興を手伝いたい、という一心で、被災地へ足を運び、音を鳴らしながら多くの物事を見聞した。

今こそ、というかこれからこそ、それをもっと考えていくべきだと、最近とみに思う。

福島県沿岸部の、放射線が高線量になっている地域では、物理的に震災からの復興が早急に進むことはない。岩手県沿岸部や石巻市、東松島市など、元々あった市街地の復興を諦め、集団移転を進めなくてはならないエリアも多い。仮設住宅にはまだ多くの人たちが、新しい暮らしに不安を抱えながらの生活を余儀なくされている。震災後、辛抱強く我慢してきた人たちの疲れも、僕たち他所の人間には想像がつかないものだ。

話は変わるが「音楽にできること」なんて、あるのかないのかさえわからないし、僕たちミュージシャンが意識することではない。「音楽家にできること」も、所詮ミュージシャン風情ができることなんて限られているけれど、物理的に言うと、被災地復興の抱えている問題は、震災前からの過疎化や少子高齢化、分断された地域問題、などがよりクリアになっただけで、僕たちに太刀打ちできる問題ではない。そして、音楽家たちがイデオロギッシュになることが良いことなのかどうかも、僕にはわからない。

この間、仙台や松島で弾き語りのライブをやったんだけれども、お客さんの中には、やはり震災で辛い思いをした人たちがいただろう。震災直後に、パニックになったまま、僕たちの音楽を求めて集まってくれた人たちも、時を経てそこにいた。

不安定な状況、一瞬で壊れてしまう物事、不毛な争い、疲労、そういったものを吹き飛ばすために、音楽を聴かせてあげたい、と思うのなら、気持ちで音楽をやらにゃあならんと、強い気持ちになる。

人懐っこい地域の輪と、美しい風景と美味い自然の幸が、東北地方には沢山残っている。僕たち他所者にとって、今から学ぶことのほうが、多い気がするのだ。

（2015年8月号）

103　京都にて

先日、京都音博[※1]のプレイベントってのを、京都市中京区にあるVOXHALLってライブハウスで行った。出演はくるりと、Madegg[※2]、中村佳穂[※3]、井上陽介[※4]、本日休演[※5]。

VOXHALLという場所は、くるり初ライブの場でもあった。19年前、京都で配られていた学生向けフリーペーパーが主催するアマバン・コンテストだった。

結成したてのくるりは、演奏もロクにできないし、何より俺は人前で歌ったことがほとんど無かった。糞ガキだった俺らは、本番前に泥酔し、ほかの出演者に毒を吐きまくりながら、絶対俺らが優勝すると根拠のない自信だけを持ちながらステージに上がり、曲なのか何なのかよくわからない演奏をした。そして、何故か優勝した。

優勝賞金はサークルの後輩達との打ち上げとパチンコに消えたが、生まれて初めて1番になった瞬間だった。それ以来のVOXHALLでのライブだった。

俺らはバンドをやることが昔から大好きだったけれども、何より音楽が好きだった。説明つかない気持ちが音で表現できた時に、これだけあればいい、とずっと思っていた。

説明つかない気持ちってのは、年齢を重ねれば重ねるほど厄介になってくる。社会人としての現実や、身体能力の衰え、経験を積むことによって生まれる余裕など、説明つかない気持ちを説明してしまう出来事がどんどん増えてくるから、説明つかない気持ちはどんどん隅に追いやられてしまう。

それでも、音楽っていうものは説明つかない気持ちそのものでしかないと、強く思う。

説明つかない気持ちを音楽にするには、とても純粋であることが重要だ。お金や常識に目が眩んではいけない。大人の意見に左右されてはいけない。音楽は空気の震えだから、その人がホントにその音を出そうとしているのか否かが、一発でわかるのだ。自然の摂理には勝てやしないのだ。

VOXHALLで行った京都音博のプレイベントに出演してくれた京都のミュージシャン達は、まさにそこを追求し、勝負していた。音楽凄いな、と久しぶりに思った。そして、京都凄いなとも久しぶりに思った。

（2015年9月号）

※1　京都音博：京都音楽博覧会。くるりが主催する音楽フェスティバル。2007年より京都市下京区の梅小路公園で毎年開催されている。略称は「おんぱく」。
※2　Madegg：小松千倫。トラックメイカー。
※3　中村佳穂：京都のシンガーソングライター。
※4　井上陽介：オルタナティブ・フォークロックバンド、Turntable Filmsのメンバー。
※5　本日休演：京都で活動するロックバンド。

104 楽屋では酒を飲め

ライブ本番前、ミュージシャンたちの楽屋での過ごし方はそれぞれで、それはそれは大変興味深いものである。

①無言で眼を閉じて、イヤホンでリハーサル音源を確認している人。

②ストレッチやボイス・トレーニング、楽器の練習に余念がない人。

③この世の終わりのようなこわばった顔で、とにかく落ち着きがない人。

これらのミュージシャンは、やはり相当緊張しているなぁということがすぐに判る。逆に、表向きは緊張感とは程遠い行動をとっているタイプのミュージシャンもいる。

④雑誌やスポーツ新聞などを読み耽り、コーヒーや菓子などをちょこちょこつまむ人。

⑤バンドメンバー何人かを引き連れて、麻雀やしりとりなどのゲームに興じる人。

⑥既に酒を飲み、いい感じに出来上がる直前くらいの人。

俺は、収録が入ったり日本武道館だったり偉い人のイベントだったり、体調が悪かったりしない限り、だいたい④〜⑥に当てはまることが多い。でも、実は相当緊張している。

緊張、を悪いことだと捉えてはいけない。そうすると、絵に描いたように本番で失敗する。

そして、緊張している自分から逃げてはいけない。緊張している自分を受け入れる、なんて抽象的なことを言ってもいけない。緊張に打ち勝つ方法はひとつだ。

炭水化物を食べるのだ。その後、強い酒をチビりと飲むのだ。

さもなくば、ケータリングの菓子をたらふく食べて、コーヒーを飲みまくるのだ。それでも、炭水化物と酒にはかなわない。酒は、飲み過ぎてはいけない。だから、ウイスキーや焼酎をオススメする。

細かいことはわからないけれど、ライブ前に糖分を入れ、身体を冷やさずに柔らかくしておくと、本番はうまくいくのだ。

（2015年10月号）

105　3コードより2コード

コード進行マニアの俺は、最近本誌に掲載されているようなバンドやミュージシャン達が、様々な創意工夫をしながらコード進行に拘っているのをちらちらお見受けするので、面白い時代が来たと目を細めているところです。

ゲスの極み乙女。やindigo la end、米津玄師氏やSEKAI NO OWARIなんかを聴いていると、およそ日本の「ロック」王道のコード進行ではなく、ジャズやフュージョンなんかで使われるようなコード・アレンジのテクニックと、キャッチーな歌謡性が上手く同居しているように聞こえます。

勿論、山下達郎さんや椎名林檎さんなど、それが当然であるようにずっと演られている方もいらっしゃいますが、ロックバンド、というスタイルでそこに執着されている方は最近あまりお見受けしませんでした。

くるりは今挙げたようなミュージシャン達とはコード進行においての考え方は少し違いますが、みんなもっと工夫すればもっと面白くなるのに、とずっと思っていました。

逆に本来ロックはコード進行がトライアド（3コードの基本的な進行）であることがスタンダード

な形式であり、いちばん応用しやすく、サウンドとしてもカッコいいものです。しかしこれまた、最近はあまり日本の「ロック」においてお見受けしません。

これは、ブルースを基調に外国で生まれたロックンロールが、日本の音楽文化と相性があまり良くなかった、と多くのミュージジシャン達が思い込んでいることと、それ以上に日本は音楽的に多様性に富んだ文化を持っているからなのかも知れません。

先述したミュージジシャン達が使う、少しばかり複雑なコード進行は、日本の「ロック」のスタンダードからは随分かけ離れたものです。

かつて「歌謡曲」と呼ばれた日本独自のポップスは、優れた作曲家と編曲家、歌い手が三位一体となり、ジャズやクラシックなど、欧米経由の音楽要素を取り入れながら、先鋭的かつ大衆的なジャンルとして一世を風靡しました。その構造は思いの外複雑なアンサンブルを使うことによって、気の利いたコード進行に昇華しているものが多い気がします。

ギター音楽主体のロック音楽にとって、複雑なコード進行に編曲したり演奏することはとても骨が折れるものです。だからロックバンドはシンプルなコード進行で演奏するほうがカッコいい場合が多いのです。

情報過多の時代、作り手の情報処理量や演奏技術の向上、録音や編集技術の革新などによって、複雑なコード進行の音楽を作ることも、少しばかり容易くなると同時に、自然になってきたのかもしれません。

故ルー・リード[※1]の発言にこのような興味深いものがあります。

「EコードとAコードを交互に弾いてロックンロールを演奏している時が、いちばん美しいメロディーが生まれる」

シンプルでのりしろのある、解決することの無いコード進行こそが、メロディーに対していちばん応用が利くのです。

俺はそこを基準に、どんどんコードをアレンジしていくことによって、くるりでは飽くなきコード進行への追究をし続けているのです。

（2015年11月号）

※1　ルー・リード：アメリカのミュージシャン。ヴェルヴェット・アンダーグラウンドの元メンバー。

106

「無題」

身体の不思議な現象について、近しい人たちと話すことがある。

俺は風呂に浸かりながら、下半身を浮かせ、ケツの穴に力を入れる（すぼめるような感覚）と、いい湯加減で袋部分が少し緩やかになっているキン○マが、意思と関係なく自動的に動き出す。

この現象に気がついたのが小学校高学年頃だったが、周りの友達に話してもなかなか理解されなかったので、多分俺だけに備わっている特殊な機能なんだとずーっと思っていた。

あと、眠りに入った直後くらいに、口や鼻から「あ」とか「ん」とか、簡単な一言が自分の意思と関係なく突然発せられ、ビックリして起きる、ということがたまにある。これも、周りの友達に説明しても、大丈夫かお前、と言われるだけだった。これは自分が大学生の頃に気がついた現象だが、何ひとつ理由がわからないまま大人になった。

これらは、ネットで検索することで悩みは解決した。この便利な時代になってから、実は同じような人が世の中にそこそこいる、ということがわかったのでとりあえずひと安心した。

そんな中、これだけは人に聞いても、ネットで検索しても未だに原因や理由がわからない、という現象がある。

セーターの毛玉やウールをむしり取る時、もしくはそれを意識的に想像する時、おもむろに身体に異変が起こるのだ。鼻の横側と眼球がむず痒くなり、目や鼻がそのまま凹んで無くなってしまうかのような感覚を覚える。

これも子供の時から起こる現象なんだけれども、誰に説明しても原因が解明されることが一切なかった。これは、ほんとうに自分だけが持つ不思議な感覚なのかも知れない。

誰か同じような感覚お持ちの方いらっしゃったならば教えてください。

（2015年12月号）

107　北陸のツアー周り方指南

ツアー中なのでたまにはツアー中っぽいことでも書いてみよう。

北陸新幹線開業に沸く金沢は、少しばかりバブルの時代を彷彿とさせる街の賑やかさがあった。閑散と、まではいかなくても、いち地方都市の玄関口だった金沢駅構内は、まるで政令指定都市の駅のように豪華なデパートや土産物店が並び、格段の変化を遂げた。

電車移動でツアーをするバンドや、そのスタッフが口にするのは、日帰りの金沢公演が（東京から）可能になった、ということだ。

これが何を意味するかというと、経費節減こそが命のツアーバンドにとって、金沢のアドバンテージが高くなると同時に、鬼のような行程を組まれることも多くなるということだ。

我々のようなバンドは、イベンターと呼ばれる地方プロモーター（昔で言うところの、呼び屋さん）に公演のお手伝いをしてもらう。公演の時にはプロモーションや現場の仕切りだけでなく、宿泊や移動、打ち上げまで彼らに世話してもらう。関西なら三重以外の2府4県、九州なら沖縄まで含めた7県、という風にエリア毎にプロモーターとツアーを周る。

北陸新幹線の開業は、バンドやイベンターにとってなかなか面倒臭い現象を生み出した。

東西に長い北陸エリアは、新潟公演のあと石川（あるいは富山）公演を入れ込むことが多い。新潟から金沢まで、以前なら在来線特急で2時間半ほど掛けて移動していた。

新幹線に乗ると、東京～金沢は最速2時間半である。ちなみに東京～新潟はおよそ2時間だ。

しかし、北陸新幹線開業後、新潟と金沢を結ぶ在来線特急の本数が激減した。ツアーをするバンドが乗る時間帯に、特急は走っていないのだ。翌日新幹線で新潟から金沢まで移動しようとすると、一旦高崎まで戻り、北陸新幹線に乗り換えるという、全くもってセンスのない移動になってしまうのだ。

そこで我々と北陸イベンターが編み出した名案が、夏のサンフジンズ、秋のくるりツアーを素晴らしいものにしたのだ。

①新潟本番終了後、上越市直江津までレンタカーで夜走りする。約1時間半。

②直江津駅前のホテルに宿泊。夜遅くまでやっている地魚がむちゃくちゃ安くて美味い居酒屋で飯と飲み。

③翌日昼前、直江津駅から徒歩5分のところにあるラーメン屋でむちゃくちゃ美味いラーメンを食い、直江津からえちごトキめき鉄道で北陸新幹線上越妙高駅へ。
④金沢まで新幹線で1時間。

この行程、バンドマンにオススメします。

（2016年1月号）

108　失恋

失恋した友達がいるので、どうやって慰めようか凄く迷っていた。

俺はしょっちゅう失恋していたほうだから、痛いほど気持ちはわかるつもりなので、なんとか前を向かせてあげたいなと思いながら、自分の過去と照らし合わせたりなんかして、胸がざわざわする。

失恋した時って、こんなに苦しい思いをするくらいなら、いっそのこと死んだ方がマシだ、とか思ったりするよね。

大好きだった気持ちも、充実した日々も、自分だけのものだったあの笑顔も、全部一緒に忘れてしまいたい（ホントは忘れたくない）と思ったりしますよね。

死んだほうがマシな出来事って、生きてりゃたまに遭遇するんだけれども、ヘヴィな失恋ってそのど真ん中に陥りやすい。

俺は過去2度ほどそんな状態になって（失恋だけじゃないけど）ビルの上から地面を見下ろしたことがある。死ぬやつは俺が言うまでもなく馬鹿だ。でも、辛いよね。

全部忘れてしまいたい（忘れたくない）気持ちは、はっきり言って自動消去されていくもの。そして、美しい思い出だけが、印象的な出来事だけが、ふとした台詞なんかだけが脳の片隅に残り、それも時間の流れと一緒に消えてゆく。

香水一発とかで記憶が目覚めたりすることあるけどねー。

恋愛って、病気だと思うのよ。

他のこと手に付かなくなるわ、ブスは可愛く見えるわ、性格の重大な欠陥見逃すわ、まぁ、アウト・オブ・コントロールになる訳です。失敗すれば（成就したところで）、自分の中の黒歴史として後々認定されるのは、恋愛そのものなのです。

恋愛前↓社会的な釣り合い、実利的な出会いを求める日々。

恋愛初期↓フェロモンによる性的一致の探り合いに特化された日々。

恋愛中期↓相手の欠点を探し出しながら自己主張、お互いの縄張りを主張する日々。

恋愛終焉→社会的性格の不一致、フェロモン減少による性的不一致、激しい思い込みによる情愛の目覚め。

自分なりにまとめてみると、こんな感じだと思うんだけれども、そもそも恋愛は病気みたいなもんなので、トラップだらけ。失敗しやすいようにできている。

それでも、恋愛は他のものでは代替のきかない、人間に与えられた人生を彩り豊かにする病気みたいなものなので、はよ病気治したらそのうちまた罹るよ、と言うしかねぇなあ。

（2016年2月号）

109 追憶

初年度のフジロックフェスティバル[※1]に行った時の話。1997年の夏だったか。くるりのメンバー、大学の軽音サークルの同級生や後輩たち20人くらいで連れ立って、京都から山梨県へと電車で向かった。前日は甲府にある後輩の実家に泊めてもらうことになっていた。

高いチケットを買ったばかりなので、交通費は安く上げようと、青春18きっぷ[※2]などを駆使し、京都から在来線で長時間かけて移動した。

道中、名古屋で中央（西）線[※3]のローカル列車に乗り換える。今はもう走っていない旧国鉄急行型車両の運転席近くのデッキ部分に立っていた。

フジイ君という後輩は才能あるギタリストで、音響系やノイズなんかにも興味のある子だったので、乗っていた電車の出すモーター音が素晴らしいんだよ、と教えてあげて、ずっと一緒に聴いていた。

僕にとって、電車のモーター音は音楽のようなものだ。どの電車でもいい、ってことはない。特定の車種が、特定の区間を走る時に、記憶に残る素晴らしい瞬間になるのだ。

旧国鉄急行型、とかつて呼ばれた車両は、中央線の山岳区間や、信越線、仙山線、紀勢本線、鹿児島本線などで余生を送っていた。最後まで残っていたのは北陸本線だったが、北陸新幹線開業で姿を消した。

これらの車両のデッキ部分に乗ると、モーター音が籠もり、中低音がよく響く。運転席近くの小窓からは、アナログ・メーターや機械類が所狭しと並んでいるのが見える。停車中に漂う油の匂いと、ブロワー（熱を持った機械を冷やす送風機）の音とが相まって、スチームパンクのような、薄汚れた雰囲気が旅立ちへの期待感を煽る。

長いトンネルを抜け、車窓からは光が差し込み、山々の緑の眩しいこと。勾配を駆け上がるべく、運転士はノッチ（車でいうアクセル）を刻む。

重い衝撃とともに、電気ノコギリのようなモーター音が山々にこだましているのがわかる。エレキギターにフェイザーを掛けているかのように、風景とともに少しずつ変化するモーター音。まるで交響曲のような高揚感。山々の風景。心臓の鼓動とともに速くなる線路のジョイント音。旅のいちばんの思い出だった。

もう、アレは味わうことのできないタダの思い出だ。

デヴィッド・ボウイが亡くなった。大きな喪失感とともに、音楽性そのものだけでなく「雰囲気」を醸し出す名門中の名門を失った代償はデカい。

でも、音楽は「作品」が遺されている。我々は、この慌ただしく殺伐とした現代社会を掻い潜り、遺された「作品」を聴くことができるのだ。

（2016年3月号）

※1　フジロックフェスティバル：1997年、山梨県富士天神山スキー場で初開催された日本のロック・フェスティバル。

※2　青春18きっぷ：日本全国のJR線の普通・快速列車の普通車自由席及びBRT（バス高速輸送システム）、ならびにJR西日本宮島フェリーに自由に乗り降りできるきっぷ。

※3　中央（西）線：中央本線のうち名古屋〜塩尻間の174・8㎞を結ぶ区間。

110　2016年初頭の雑感

日本語ラップが流行っている。耳の早いリスナーやミュージシャン達は、もう数年前からカッコいいラッパーがいる、トラックメイカーがいると躍起になって教えてくれたが、今では日本語のラップというのが、ひとつ最強のジャンルになりつつある。

「J-POP」或いは「歌モノ」と俗に呼ばれるジャンルは、最早袋小路に入り込んで、新しいものや人気のあるものが出てきていない。

若者を中心に、SNS慣れした世代が、良くも悪くも、ホンネとタテマエというややこしくも奥ゆかしい価値観に見切りをつけつつある。古来からの日本的なアレは、便利な情報伝達アイテムがなかった時代の、鍵付きアカウントだったり、セーフサーチ機能だったり、ひょこひょこ付いてくるオススメレコメンドだったりするわけだ。

昔は良かったとかそんな話はさておいて、最近の若いラッパーのリリックは、とてもダイレクトだけれども、そのぶんメッセージがシンプルで射を得ているものが多い。トラックもシンプル、ラッパーも細かいワザに走ることがなくてもフロウが滑らかである。つまり、センスがいいのだ。

僕はKOHHというラッパーがいちばん好きなんだけれども、言いたいことと目的がしっかり音楽の中で完結している。そして多くを語ることもないから、聴き手が様々なことを想像できる余地がある。

今のJ-POPとかは、プロダクションも歌詞も詰め込み過ぎていて、インフレで崩壊し混乱している街のようだ。演るほうも売るほうも全部そうだから、シンプルで聴きごたえがあるものが目立たない。

嘘ばっかりのモノは、必ず化けの皮が剝がれる。音楽は、自由で正直であるべきなのだ。

（2016年4月号）

111　質問にお答えします

広島県　林悠美さん（34歳・仮名）の質問です。

「男女混合バンドが増えています（くるりさんもそうですよね？）が、何か理由があるのでしょうか。流行りもあるとは思いますが、売れているバンドもアマチュアバンドも、急に多くなったような気がします。私はBUMPやストレイテナーを聴いて育ったので、少し違和感がありますが、それはさて置き岸田さんの見解を訊いてみたいです」

ロックバンドが男子校的文化（というよりは小中学生のグループ的な連帯意識）であることは、おそらくかつてのビートルズやローリング・ストーンズ、フーなどを見れば判るように、同郷や同じ地域文化、同じ学校など、何らかの具体的で閉鎖的なメンタリティーの共有が生み出す、ある種確固たる信頼感を盾に、独自のサウンドやイメージを生み出します。リヴァプール訛りのビートルズのメンバー達がこぞってアメリカ的な英語発音で歌ったことも、仲の良い近所の幼馴染み同士でしかあり得ない、男の子達ならではのアイデアです。

もちろん、女の子だけのバンドも似たようなところがある気はしますが、男女混合バンドとなると、ビートルズ的な連帯意識に繋がることは稀です。それは、生理的現象がサウンドに直結することにおいて、どうしても越えられない男女の壁、というものが、ノリ重視のロックバンドとはソリが合わないからなのです。

では何故、ここ日本において男女混合バンドが増えたのか、と言いますと、バンドが男子中学生の秘密基地ごっこではなく、社会性を帯びた大学生のゼミのようなものになってきたからではないか、と思います。

核家族化、少子化、インターネットの普及により、従来の文化である大家族、沢山いる兄弟姉妹、合コンなどの文化が失われてゆく中で、小団体の中で、それぞれがそれぞれのジェンダーを作っていくことこそが、社会性の構築に繋がっている様相です。なので、男女混合バンドは社会の中の何かによく似ています。男子バンドにはないリアリティーがあります。

だからなのか、最近の男女混合バンドはバンド内恋愛をしません（していてもこっそり隠しているパターンが多いです）。そして、バンド内で下品な話は殆どしません。

ある種の「幻想」を、バンドのファンの方々が求めるのはよくわかりますが、リアルな社会性を、ロックバンドを通して見ることができるのも、現代の日本らしい現象だと言えるのではないでしょうか。

神奈川県 ぽーきゅぱいんさん（21歳）の質問です。

「僕は米津玄師さんのように、不思議な世界観を音楽で作ることができるようになりたいです。音楽でもアートでもなんでも良いのですが、取り敢えずエレキギターを買おうと思っています。そんな僕にアドバイスをください」

米津くんいいですよね。僕も凄いなと思います。

独特の世界観というのは、人それぞれ必ず持っているものなので、何かを作る時にあまり意識せずに（自分らしさ、とかも意識せず）、何かを作ることに集中するのがいいと思います。

エレキギターを買ったならば、まず弾けるようになってください。弾けるようになるには、上手い人のプレイをコピーすることが何より重要です。人に習うのもひとつの手です。いちばん良いのは、好きじゃなくても知らなくても、ストラトならジェフ・ベック[※1]やデイヴ・ギルモア、レスポール[※2]ならジミー・ペイジ、など、ガチの洋楽クラシック・ロックやカントリー、ブルースなど、エレキギターの基本的な使い方が上手い人をコピーしてください。

練習と表現／創作は別です。創作が練習になることはありますが、その逆はないものと思ってください。楽器を使うことは野球選手にとっての素振りや投げ込みです。練習をやればやるほど上手くなります。若い時にやるとやらないとで、その後の音楽人生は大きく変わってきます。

因みにDTMの場合は、楽器とは違って普段のPCの操作や頭脳的な構築が練習になります。そっちのほうが主流の音楽シーンではありますが、折角ギターを買ったのであれば、元を取ってみてはいかがでしょうか。

（2016年5月号）

※1　ジェフ・ベック：イギリスのミュージシャン、ギタリスト。エリック・クラプトン、ジミー・ペイジと並ぶ3大ロック・ギタリスト。

※2　デイヴ・ギルモア：イギリスのミュージシャン、ギタリスト。ピンク・フロイドのメンバー。

112　質問にお答えします・パート2

奈良県［Alexpagne69］さん（26歳）からの質問です。

「私にはバンドマンの彼氏がいます。彼は今年30歳になりますが、世間で言うところのフリーターです。今は保険会社のクレーム対応の仕事と、地元のイベント会社のアルバイトをしながら、売れないバンドを5年も続けています。車の運転もできるので、ツアーに出ては疲れて帰ってきます。忙しい彼はあまり私のことを構ってくれません。そろそろ結婚とか、将来のことも考えたい年齢なので、毎日モヤモヤしています。どうすれば上手くいくと思いますか？」

3B、とはよく言ったもので、美容師、バーテンダー、バンドマンは、一般的には結婚してはいけない職業の定番と言われています。

常識で考えると、十中八九は、将来あなたたち二人が上手くいく方法を見つけることは難しいでしょう。

非常識で考えてみましょう。ここ日本は、経済的な見地で考えても、このまま思い描いているような楽チンな未来が勝手に訪れてくれる、ということは一切ありません。中途半端な考えを持っている人は辛酸を舐めることになるでしょう。

非常識な夢を追い続けるためには、非常識である必要がある、というのが私の考えです。

バイトをしながらバンドをする、ということは、売れないバンドマンにとっては生命線です。私もかつてはそうでした。ただ、彼の年齢は30歳です。仕事をして貰う金額も年相応になってくるでしょうし、仕事に対する自覚や、あなたに対する責任感などが出てくるのも時間の問題です。

私はバンドマンですから、彼のことをついつい応援してしまいますが、ツアーに出られるほどのバンドであれば、そこそこ集客力や才能もあるのではないかと想像します。

あなたは彼のことを大切に思っているようですから、頓珍漢なことは言えませんが、同業者としてアドバイスするのでよかったら彼に伝えてください。

仕事をすべて辞め、貯金で良い楽器を買い、作曲やライブや音楽活動から得られるカタルシスに最も近い、かつ金にならないことに、半年から一年、努力を惜しまず取り組んでください。その間、空いた時間で音楽に取り組んでください。

絵を描くのでも、ツイッター職人になるのでも、居酒屋放浪でも、魚を釣って自給自足の生活をするのでも、なんでもいいです。彼に当てはまる、最も常識からかけ離れたことを、半年から一年間だけ、精魂込めて必死にやってもらってください。

そうすれば、売れないバンド、あるいは、それをやる為に仕方なくやっている仕事、の無意味さに気づくと思うのです。そして、そういうことは間違いなく音楽を作る糧になるはずです。その後の人生は彼とあなた次第です。

彼は悪くありません。あなたの裁量で、彼をワンステージ上げるためのアイデアです。

宮城県 ほしのまなみさん（22歳）からの質問です。

「私はフェスには毎年参戦するのですが、ライブハウスには行ったことがありません。今度友達に誘われたので、初めてSuchmosのライブを観に行きます。どんな服装で行くのがいいでしょうか？」

Suchmosのライブは観たことがないので何とも言えませんが、恐らく人気があってライブハウスは満員でしょうから、薄い生地の服装だといろいろ気になると思います。ただ、暑いとも思いますので、難しいところですね。

彼らはお洒落なバンドなので、恐らくお客さんもお洒落だと思います。殆どのバンドの固定客は、そのバンドのファッションを模倣します。折角なら、そこも含めて楽しむのがいいかと思います。そのほうが、ライブに来ている自分自身を楽しむことができると思います。

いちミュージシャンとしての個人的な見解ですが、相対的に、フェスのお客さんより、ワンマン・ライブのお客さんのほうが、表情が輝いているように見えます。それは多分、開放感と解放感の違いです。

（2016年6月号）

113　自作自演次作インタビュー

――新曲、聴きました。ラップをしていますね。何故ラップなのですか？

「ここ最近のくるりの楽曲のなかでも、とてもシンプルで、既聴感のあるキャッチーなバックトラックなんです。歌のメロディーを馴染ませることよりも、押韻やフロウの細かいコントロールを使って、ダイナミックに聴かせたりするにはラップのほうがやり易かったのです。ラップはもともと大好きなので、やっていて楽しかったです」

――それはどういうことなのですか？

「ラップは言葉の情報量が多く、トラック全体のリズムにも大きく作用するのです。ファンキーというかダイレクトでフィジカルなものにしたかったんだと思います」

――最近っぽいメロウさ、と言うよりはオールドスクールな時代感を感じさせるグルーヴとフロウですが、その辺りの意識は？

「最近っぽいものを作りたかったですが、作っているうちに我々が若い頃に聴いていたモノにどんどん寄っていきました。それにしても、メロウでファンキーなグルーヴものはくるりでは殆どやっていないので、かなりチャレンジでした」

――陰鬱でネガティヴなヴァースと、多幸感とセンチメンタルさが同居するコーラス・パートの対比が印象的ですが？

「ネガティヴな要素……特に歌詞において、個人的にはここ暫く避けてきた要素の一つでもあります。特に5年前の震災以降、ポジティヴなメッセージに表現の難しさをどんどん感じるようになってきました。ハリボテで作り上げた後ろ盾に、大切な愛のメッセージを乗せても、やはり響きません。私が感じるリアルな２０１６年は、相当ネガティヴで、基本的に絶望的な状況がデフォルトです。それを笑い飛ばすことにも、何となく飽きてきたような感覚もあります。大切なのは、コーラスに乗せて歌っている素朴な愛のメッセージです。でも、それを支えているのは、兎に角ネガティヴに振り切ったヴァースの部分に込められた、ネガティヴの塊のような呟きたちなのです」

――２０１６年のリアリズムとは？

「個人的には、日本の貧しさがどんどん浮き彫りになっていく感覚です」

――というと？

「我々はミュージシャンですから、音楽的な観点から語るのが筋だとは思いますが、最早音楽を語るような余裕が、身の回りに無くなりつつある」

――音楽の話をしなくなった？

「音楽好きの間でしかしなくなりました」

――この曲に込められたリアリズムとは？

「インターネットやスマホによって更に分断された個人個人が、コミュニケーションそのものに億劫さを感じるようになった。景気の悪さ／社会情勢の不安定さ＝貧しさ、というわけではないにしろ、モノだけ与えられた人間は檻の中の野生動物となんら変わりはない。そんなことはずっと前からそうなんだけれども、日本の２０１６年は、下らないスキャンダルに夢中になることくらいしか、他社同士を繋ぐことができないのかと絶望的な気持ちになる」

――なるほど。

「この曲のメッセージは、『頑張る』ことと、『許す』こと、そして『愛する』ことの再定義なのです」

――言ってることは何となくわかりますが、あなたは曲以上にモノを言っている気がします。

「それがくるりなんです。楽しく聴いてください」

（2016年7月号）

114　質問にお答えします・パート3

香川県　トオルさん（45歳）からの質問です。

「高校生当時からのロッキング・オン愛読者です。『ROCKIN'ON JAPAN』もずっと読み続けています。好きなアーティストのことを知ることができることはもちろん素晴らしいのですが、それよりも渋谷さん[※1]や山崎さん、増井さん[※2]（古いですね……）によるインタビューや、数々の名写真家達による素晴らしいフォトセッションを楽しみに読んでいました。長らく連載を持たれている岸田さんが、今後のロッキング・オン、JAPAN誌に期待することは何ですか？　因みに私は『BUZZ』[※3]の復刊です」

私は元々あまり音楽誌を読むほうではなかったのですが、音楽家の仕事をするようになり、取材でお世話になるようになって以来、JAPANとは20年近くのお付き合いをさせていただいております。

BUZZも、当時からDJとしてクラブイベントに呼んでいただいたり、ダンス・ミュージックやサイケデリックなインディ・ポップを多く取り上げられていたので、楽しく読んでおりました。

時は過ぎ、インターネットの普及に伴い、音楽誌は変革期を迎え、その役割を果たし消えていったものもある中、JAPANに期待することは幾つかあります。

対話と写真、というロッキング・オンならではのコンテンツを守り抜きながら、それを超える、新たなコンテンツの創出を楽しみにしております。フェスもネットメディアももちろんですが、個人的には誌面に期待しております。

北海道 めぐさん（24歳）からの質問です。

「岸田さんが『フェスでリズムに合わせて拳を上げるオーディエンスが苦手だ』という話をしていたのを聞きました。何故ですか？ やっちゃダメなんでしょうか？」

殆どの場合ダメです。

音楽に踊らされている気がしているだけで、アレでは演奏者もお客さんも、思っているほど音楽を楽しめてはいません。そして、ステージから眺めていても、動きがイモっぽくて、色っぽくありません。お客さんが色っぽいほうが、こっちも色っぽい演奏が出来るのです。

フェスで鳴らされる類いの音楽の殆どは、リズムが効いているものばかりです。リズムを腰で感じるというよりは、内ももで感じてみてください。音楽の楽しみ方が驚くほど変わります。そして、音楽に踊らされることなく踊れるようになります。あなた自身が音楽と一体化し、色っぽくなるのです。

（2016年8月号）

※1　渋谷：渋谷陽一。音楽評論家、編集者。株式会社ロッキング・オンの代表取締役社長。
※2　増井：増井 修。音楽評論家。1990年から7年間『ロッキング・オン』の編集長を務めた。
※3　BUZZ：『ロッキング・オン』増刊として不定期刊行されていた雑誌。

115　旅に出るメロディーと言葉たち

ラブリーサマーちゃん[※1]という宅録女子大生の作る音楽がむちゃくちゃいい。

Twitterに様々な音源動画を無作為にあげていくような、今っぽいスタイルで活動しているようだけれども、本誌でもお馴染みのアーティスト達の名曲を弾き語りでカバーしたり、英語詞の楽曲やEDM風のもの、今っぽいラップまで聴くことができる。ギター、ベース、鍵盤に加えMIDIを使った打ち込みもこなすようだ。とは言え、なんちゃってクリエイター風の匂いは皆無だ。録音している機器はデジタルだが、やり方に関してはMIDI以外、至ってアナログだ。サンプラーを叩いてドラムまで打ち込んでいるので、いい意味での粗さもある。

ベッドルーム・ミュージックというよりは……四畳半宅録といった感じか。

本人が公開している動画も、恐らくスマホかなんかでサクッと自撮りしたようなものだけれども、部屋の中はかなり汚ない。

かつて、第一線で活躍するミュージシャンがそうであったように、部屋の掃除や周辺への慮りなんかより何より、曲を作りたい、音楽そのものになりたい、という雰囲気をありありと感じる。

どの曲も素晴らしいが、最新作〝青い瞬きの途中で〟が白眉である。良曲だが、不思議なことに、サウンドやコンセプトは1990年代末の日本のオルタナ／ロックシーンを想起させるものだ。BPM70ほどの重たいビートに、シンプルな循環コード、シンコペーションを多用しつつ小節を跨いでいく長いメロディーに乗ったさりげない言葉たちは、心の奥底にある眠っている想いを呼び覚ますような力強さを秘めている。

「小節を跨いでいく長いメロディー」と、「心の奥底にある眠っている想いを呼び覚ますようなさりげない言葉」を聴くことができる音楽はそう簡単に見つけられるものではない。宇多田ヒカルの新曲がそうであったように、1990年代末のムードを持った楽曲は、そういうことに特化した音楽が多かったのかもしれない。

「小節を跨いでいく長いメロディー」は、決して歌い出しはオン・ビートで始まらない。そして、コードの変わり目や小節を跨いでいくので、シンプルなコードが鳴っていても主旋律はテンションに引っかかり、雲の中の晴れ間のような景色を作る。感情の波や季節の変わり目を意識させるものだ。言葉はそんな景色に引っ張られて出てくるんだろう。

（2016年9月号）

※1　ラブリーサマーちゃん：女性シンガーソングライター。〝青い瞬きの途中で〟は2016年発売のシングル。

116　電グル

小中学生の頃夢中で聴いていたTM NETWORKは、いつしかリニューアルという言葉（当時は一般的な言葉ではなかった）と共に、ＴＭＮと名を変え活動していた。

ＴＭというのはタイムマシンだとか、多摩地区だとか、いろんな説があったけどそういうのはどうでもよかった。小室哲哉氏の雰囲気と、木根尚登氏の楽曲、宇都宮隆氏の実直な歌唱が好きだった。

ＹＭＯと西城秀樹が混ざったような楽曲が、80年代産業ポップやＡＯＲ[※1]風味にアレンジされていたＴＭサウンドは、リニューアル発言後、ヘビメタのようなサウンドに変貌を遂げ、我々リスナーを困惑させた。

そんな中リリースされたアルバムからのリカット・シングルのB面に、電気グルーヴの方々が手掛けたカバーが収録されていた。

どんな曲かは忘れたが、当時中坊の俺は相当衝撃を受け、それ以来彼らの動きを何となく追っていた。

その後『A』や『VOXXX』を聴いたときに、音楽でプロとしてやるのは、センスと図太さなんやな、と強烈に思った。そして、ライブがとにかく楽しいなと思った。踊りながら曲を楽しめるテクノ（ハウスやエレクトロ・ファンクもやけど）は凄いなと思う。

その後、本誌の連載「メロン牧場」[※2]を読んだ時に、あぁ、センスと図太さは、決め球で試合作れるから確実にあるんやと合点がいった。靴に糞が詰まって落雁みたいになった話が一番好きやった。俺はずっとクランキーやと思ってた。

（2016年10月号）

※1　AOR：Adult Oriented RockまたはAlbum Oriented Rockの略で、音楽のジャンルのひとつ。

※2　メロン牧場：『電気グルーヴのメロン牧場——花嫁は死神』。ROCKIN'ON JAPANにて連載中。

117　メンバー募集

くるりはオーケストラが入ったりトランペットがいたり、特殊な編成のバンドだけど、元々はギター兼ヴォーカル、ベース、ドラムのシンプルなトリオだった。

もしあなたがバンドを組むとしたら、どんな編成のバンドで、何を担当するんだろうか。そんな妄想をすると楽しくて夜も眠れない。

バンドやろうぜ、と声を掛けられる時は大体こんな感じだ。ベーシストを探しているんだけど弾いてみないか、と。初心者どころか楽器に触ったこともないから、そんな私で良ければ楽器を買いに行くことにしようかな。バンドなんて興味なかったけど、何だかワクワクしてきた。

こんな感じでバンドは始まる。

今まで注意して聴いたことのなかったベースのパートを、楽器屋で買ってきたピカピカのベースと、譜面を使ってこんな感じかな、なかなか弾けない、ちょっと弾けるようになった、弾きたい、楽しい、早くバンドで合わせてみたい……といった風にバンドは始まる。これがギターでも、ドラムでも鍵盤でも、全部そうだ。ヴォーカルはまたちょっと違うかな。

90年代にヒットしたアメリカのヒップホップ・バンド、[※1]アレステッド・ディベロップメントには、特に楽器を演奏したり歌ったりしない謎のメンバーがいた。老人であった彼はバンドの「象徴」としての存在感を醸し出していた。衣装のデザイナー的なメンバーもいた。

バンドの醍醐味はやはり合奏した時の空気感そのものだ。ヒット曲も楽しい打ち上げも写真撮影も、後から全部付いてくるものだ。

とは言え、そんなバンドの基本的な喜びを覆す、あるいは凌駕する喜びを目にすることも多くなった２０１６年の音楽シーン。マネージャーやディレクターがバンドにいたほうがいいのかも知れない。エンジニアやダンサーのメンバーなんて、もう当たり前の時代である。

もう一度言う。

バンドの醍醐味はやはり合奏した時の空気感そのものだ。ヒット曲も楽しい打ち上げも写真撮影も、後から全部付いてくるものだ。

何を合奏と捉えるか、なんてくだらない御託である。バンドがせーので音をガツンと出した時でしかない。

とは言え、バンドで食っていくためには、メンバーを自由に選ぶことが可能性の幅を広げることになる。バンド歴23年、プロ生活18年の俺が、もし今バンドを組んで、世に夢を託すならこんなバンドを組む。

俺
楽器屋
大金持ち
プロブロガー

（2016年11月号）

※1　アレステッド・ディベロップメント：1988年にアメリカで結成されたヒップホップ・グループ。

118 音楽業界のはなし

都内のレコーディング・スタジオがどんどん少なくなっている。

と言うよりは、老舗のレコーディング・スタジオが次々に閉鎖を余儀なくされている。家賃やランニング・コストの問題から考えると、音楽業界が不景気だという言い方もできなくはないだろうし、それぞれの経営のスタンスが立ち行かなくなったとも言えるかもしれない。

しかし何よりも、ミュージシャンたちの制作スタイルが時代の流れとともに変わりつつあることが何よりの要因だろう。

ラップトップがあれば、いや、タブレットどころかスマホがあれば、音楽を録音、編集できる時代になりつつあるのだ。技術の進歩は素晴らしいことだ。高いスタジオ料金を払ってレコーディングしなくても、できることが驚くほど増えたのだ。

功罪はある、と言う人もいるだろうし、若いミュージシャンたちは、そんなの関係ないし知らない、と言う人もいるだろう。

群馬県高崎市にあるTAGO STUDIO TAKASAKIはとてもユニークなスタジオだ。

行政とミュージシャンが手を携え、文化事業や町興しの一環としてスタジオを開いた。音のクオリティを追求することができる、プロフェッショナルが使うレコーディング・スタジオを、格安で使うことができる。

それだけでも素晴らしいことだが、個人的に素晴らしいと思う点がひとつある。

日本において、殆どのポップ・ミュージックは東京でレコーディングされている。しかし、東京はプロ、アマ含めミュージシャン人口が飽和状態だ。そして、その殆どが地方出身者だ。

伸び伸びとした環境でレコーディングする、という意味においては、ひと昔前までは伊豆や山中湖などのリゾート・スタジオや海外レコーディングが定番だった。そして、時代と共にそれらの殆どが役割を終えつつある。

高崎市は人口35万人ほど。隣の前橋市や近隣の市町村を合わせると、およそ100万人ほどの人口で、それだけ考えれば世田谷区より多い。いわゆる地方の中核都市だ。

いろんなところにいろんな人がいる。いろんなところにいろんなスタジオがある、ということは、日本の音楽業界にとって、必然なのではないか、と思っている。

（2016年12月号）

あとがき

岸田 繁×山崎洋一郎「酩酊対談」

山崎「この連載、わりと軽い気持ちで頼んだんですけど（笑）」

岸田「はい。僕も軽い気持ちで受けました」

山崎「どうでしたか？」

岸田「やっぱり、習慣のひとつにはなってるんで。もともと僕は、文章書くのがそんなに得意やないほうやったんで、文章を書く練習になってるっちゅうのがありますかね。あとは、締め切りを破ったことはない。飛ばしたことはないですね」

山崎「それはほんとにすごいです」

岸田「あ、ほんまですか」

山崎「本業じゃないから、つらい時とか言い訳にしやすいと思うけど、『今回レコーディングで大変だから、連載休もうか』とか、なかったもんね」

岸田「ないですね。自分が鬱の時でもやってましたもんね。病院行きながらやってましたよ」

山崎「最初はこんな感じで始まったけど、意外とこうだったとか、思ったよりこうだったとか、そういうのってある？」

岸田「最初はね、山崎さんから、日記のようにやってくださいっていうことを言われて。ちょっと意気込んだ部分はもちろんあったんですけど。だんだん脂が乗ってくる時期と、ネタが尽きてくる時期があるじゃないですか。それは顕著に表れてる感じやなっていうのは、改めて読むと思いましたね。僕がひとつの小説を書いてるとかひとつのアルバム作ってるっていうよりは、オムニバスの、毎月違うものを書いてるので。僕らは本業が音楽ですから、曲になって残ってるもんで、この時期はちょっと調子が良かったなとか悪かったなとか、こん時はなんも考えてへんかったけど、こん時はなんかすごい考えてるなとか、振り返れば音ではわかるんですけど、文章やとまた別座標やなと思ったっていうか。音楽的に悩んでる時期に文が冴えてることが結構あるんやなっていう再確認ができました」

山崎「じゃあその逆で、音楽的にノリノリの時は、なんかしょうもないこと書いてんな、みたいなことはあった？」

岸田「ああ、ありますね。このぎょうさんアーカイブされたもんの中で、自分でうわっと思ったのは……未来に日本がどうなってるかみたいな、なんかちょっと、SFっぽいの書いてたやつがあるんですけど、それ書いたこと忘れてて。それはめっちゃビビりました（笑）」

山崎「どう思った？」

岸田「怖かったですよね。自分では常識人って思ってるところがある岸田繁が、『ちょっとおまえやめとけ』って思うぐらい、冴えてたっていうか、冴えたアンテナをビンビンにしたまま書いてたっていうか。今やとそういうのって不謹慎になってしまうから書けへんねんていう、ちょっとスピリチュアルな部分ていうんですかね。たぶん、2007～2008年ぐらいに、2011年の震災のことやったりとか……それ以降の、今現在ニュースみたいなもんで読まれてるようなものに、ちょっとリンクするようなことを書いてたのかなあ。自分で書いた曲の部分で、10年後ぐらいに『あ、ほんまや』ってなったりすることってたまにあるんですよね。そういう冴えてる瞬間みたいなのを、ものを書いてる中でもできたのは良かったなっていうか。文はね、下手くそですけど」

山崎「ミュージシャンのコラムっていろんなパターンがあってさ。自分の考えてることとか感じてることを音楽に込めるから、そういうのとは関係なく、もうちょっと日常的に、ふんわりと考えたこととか、ふと思ったりしたことぐらいのレベルで文章を書こうかなっていう人もいれば、たとえば音楽がすごいシリアスだから、文章は全く逆で、ちょっと楽しいことを書こうかなあっていう人もいる。でも岸田くんのコラムが面白いのは、音楽やってる感じと、文章を書く時、使い分けがあんまなされてないなあっていうかさ（笑）」

岸田「ああ。もうそれは、たぶん不器用やからできないんですよ」

山崎「正直軽い気持ちで頼んだんだけど、ちょっとね、始まってしばらくしてから、あ、これは重い気持ちで頼むべきだったなって反省した瞬間はあった」

岸田「そうですか（笑）」

山崎「この人は息抜きとか、別チャンネルで書く人じゃないんだなあって」

岸田「違うんですよ。僕はその、3万円もらおうが30万円もらおうが、仕事の質は一緒なんです——って言ったら、みんな3万で頼みたがるから言わないけど（笑）」

山崎「ははは」

岸田「そういうことしかできないんで。なんか不器用やとか言うと、かっこつけてるみたいやから嫌なんですけど。そういうことはそのうちできるようになるんじゃないですかね。たぶん頼まれた当時とかは、やっぱりそういうのはできない感じやったんで。すごい頑張って書いてましたけど」

山崎「しかも音楽だとさ、極端な話ね、たとえば人を殺したいっていうぐらいの怒りの気持ちがあったとして、それを音楽に表現したら成立するし、それを求めてる人もいるし、なんだったら金出して買おうっていう人すらいるわけじゃん」

岸田「うんうん」

山崎「でも文章だと、それはただ単に、書いてはいけないことになる」

岸田「それが芸術にならないとダメですよね」

山崎「そう。岸田くんのコラムは、たまーにそれがあるわけ。なんていうかな、ネガティブなことだったり」

岸田「要はあかん表現ですよね」

山崎「そうそう。これまで音楽になってきたから全部ＯＫだったけど、コラムになると、ＯＫな回と、『こらあかんやろ』っていう回があって面白い。そのまんま出す人なんだね。文章でも音楽でもね」
岸田「そうなんですよね。わりと検閲しないですね」
山崎「フィルターかけない」
岸田「フィルターかけないです。１回だけの記事とか仕事やとフィルターかけまくりますけど」
山崎「ああ。なるほどね」
岸田「一応連載としていただいたやつっていうのは、その回しか読まへん人もいるけど、続けてる自分もね、ひとつのこう――作品って言うと胡散臭いですけど」
山崎「そこを生きてるってことだもんね。続くってことはね」
岸田「そうですね。きれいな話するとそうです。これ、そんな真面目な話でいいんですか？　全然いいですけど、僕真面目なんで（笑）」
山崎「（笑）原稿はいつ書くの？」
岸田「マネージャーに『そろそろですよ』って言われて、『ああー』と思って書きます。で、それで、一応ロッキング・オン社から言われてる締め切りっていうのがあって。でもほんまもんのデッドを教えてくれっていうことをずっと言って（笑）。もうこの日を過ぎたらページが落ちるっていう日を教えてくれ、って担当の方に言って、ご迷惑をかけたことはあります。ギリギリまで引っ張ったことも何回かあるんですけど。その間の冴えてる時に書きます」
山崎「どこで書くの？」
岸田「いろいろです。部屋で書くこともありますし、移動中に書くこともあるし、トイレで書くこともありますし。ひどいのになると、風呂入りながら書いたこともあります。あるいはスタジオで佐藤くんがベース入れてる時に書いてたこともあります（笑）。海外で書いてる時が一番面白かったですね」
山崎「へえ」
岸田「だってJAPANっていう雑誌に、自分が、まるで日本代表であるかのように（笑）」
山崎「それ単に雑誌の名前がJAPANってだけじゃん（笑）」
岸田「やっぱそれで上がるんですよ。日本の音楽誌のために原稿を書いてる俺っていう」
山崎「ははは。異国でね（笑）」
岸田「普段、自分かっこええとか思ったりしないんですけど、そん時だけはかっこええと思って」
山崎「『遠く離れても、JAPANが俺に文章を求めてきてるな』――」
岸田「そう。英語でしかしゃべってへんのに、今、日本語で俺は書いている、みたいな（笑）。そういうのはあります」
山崎「しかも電送されてね」
岸田「そうですね（笑）。ちょっと海外のホテルとかで作家気分みたいなんで」
山崎「『俺からの打電を待ってるんやな、日本では』と」
岸田「打電て（笑）。時差があるみたいな（笑）」
山崎「ははは」
岸田「そういうのは、特に長いことウィーンにいる時には、すごい思いましたね。Wi-Fiのない時代ぐらいからやってたので。僕プロやないから、原稿は書こうと思って書くことが多いですけど。曲やとね、場所選んでられへんし。恐らく僕はファンの人たちが思い描いてるような生活を送ってなくて、普通の生活してるから。それでひとりになって芸術的ひらめきのできる瞬間ていうのは、ふと駅のトイレでバッと訪れたりとか。なんでもないとこで書くとかが多いです」
山崎「そういう意味では、文章はよりいろんなとこで書けるでしょ。店でもやれるし」
岸田「そうですね、文章やとね。だから居酒屋で書くことが多かったんですけど。一番多かったんは、西永福の庄やですかね。ひとりで行って、グッピーが泳いでる水槽があって、その前に座って書いてます（笑）」

山崎「あと今回の単行本を出すにあたって、今までの回を全部読むわけじゃない。で、これすごいいい連載だし、岸田くんの毎月の汗と涙の結晶だと思うんですよ」

岸田「いや（笑）」

山崎「でもね、要するにさ、いわゆる文章っていうのはAっていうことを書こうと思ったら、最後までAっていうことを書き続けなきゃいけないじゃん。その体力とスキルと、ひとつのロジックを貫き通す、たとえばトンネルをあそこまで通すまでは掘り続ける、そういう意志が必要なんだけど、岸田くんの意志っていうのはそういうタイプの意志ではなくて、どこに出てもいいからとりあえずちゃんと光のあるところに出ようみたいな」

岸田「はははは」

山崎「アーティスティックな意志の持ち方をしてるから、物書きとしてはある意味失格なわけ。だから、誤解されたら怒られると思うんだけど、ダメな文章がいっぱい並んでるのね、この単行本もね」

岸田「はははは」

山崎「（笑）だからそういう意味で、岸田くんが物書きとしても器用な人だったら、それはそれでいいことだと思うんだけど、物書きとしては不器用な人なんだっていうことがわかったから、やっぱ岸田くんは音楽家なんだなっていうか。岸田くんはロジカルな文章を書いたりとかロジカルな音楽を作るよりも、アフリカン・ミュージックをやってるほうが向いてる（笑）みたいな」

岸田「まあ、得意ですね」

山崎「才能の形に合ってると思うんだよ」

岸田「うん。得意かもね、そういうほうが（笑）」

岸田 繁
Shigeru Kishida

1976年4月27日、京都府京都市生まれ。大学時代に結成したロックバンド「くるり」のボーカリスト兼ギタリストとして1998年にシングル『東京』でメジャーデビュー。以降同バンドのほぼすべての作詞作曲を行うほか、ソロ名義でも映画音楽などを手がけ、2016年には初の交響曲も作曲。くるりとしては2007年より地元・京都で音楽フェス「京都音楽博覧会」を主催するなど、音楽家として幅広く活動を行っている。2016年4月、京都精華大学ポピュラーカルチャー学部客員教員に就任。

Twitter：@Kishida_Qrl
くるりオフィシャルウェブサイト：www.quruli.net
岸田繁オフィシャルウェブサイト：www.shigerukishida.com

編集　山崎洋一郎／松本昇子／小川智宏／後藤寛子
編集協力　岩沢朋子／齊藤幸
装丁・デザイン　関万葉
カバーイラスト　田中圭一
協力　関根直（NOISE McCARTNEY）

石、転がっといたらええやん。

2017年5月26日　初版発行

著　者　岸田繁
発行者　渋谷陽一
発行所　株式会社ロッキング・オン
〒150-8569 東京都渋谷区桜丘町20-1
渋谷インフォスタワー19F
電話 03-5458-3031／FAX 03-5458-3040
http://www.rockinon.co.jp/
印刷所　大日本印刷株式会社
乱丁・落丁本は小社書籍部までお送りください。
送料小社負担にてお取替えします。

ISBN978-4-86052-126-4